KB273405

소중한 사람이
음모론에 빠졌습니다

힘 있는 사람이 음모론에 빠집니다

정재철

음모론의 위협으로부터
우리의 관계와 민주주의를 지키는 법

원더박스

음모론에 대한 성찰과 지혜를 얻다

2024년 12월 3일, 대통령의 비상계엄 선포 담화를 접한 국민 상당수는 처음에 '딥페이크, 가짜뉴스'로 생각했다고 합니다. 성숙한 민주주의 국가라고 자부하는 대한민국에서 상상하기 어려운 황당한 사건이었고, 가짜 뉴스가 만연한 우리의 현실을 누구나 잘 알고 있었기 때문입니다. 그러나 계엄은 사실이었고, 심지어 대통령은 계엄의 이유 중 하나로 '부정선거'를 내세웠습니다. 음모론에 경도된 최고 권력자의 오판이 이번 사태의 출발점이었다는 사실에 우리는 또 한 번 경악했습니다.

계엄의 밤, 국회는 경찰에 가로막히고 계엄군에 침탈당했습니다. 저와 동료 의원들, 국회 보좌진과 직원들은 담장을 넘었습니다. 국민의 생명을, 민주주의를, 그리고 나라의 미래를 지키기 위해 우리는 반드시 들어가야 했습니다. 그날 현장에서, 그리고 이후 혼란스러웠던 탄핵의 시간 동안 많은 시민이 각자의 방식으로 헌정질서 회복을 위해 함께했습니다. 그중에는 사실을 기록하고 진실을 알리기 위해 헌신한 언론인의 수고 또한 빼놓을 수 없습니다. 그들은 진실과 정의를 추구하며 공동체에 대한 책임 의식으로 광장의 불빛과 동행한 '펜과 카메라를 든 시민'이었습니다.

12·3 비상계엄 해제 1주년을 맞아, 그날을 기록하고 사건의 진실을 추적한 서적이 여럿 출간되었습니다. 그 가운데서도 이 책은 거짓 서사가 민주주의를 어떻게 위협하는지를 깊이 있게 다룬 저작이란 점에서 특별합니다. 베테랑 저널리스트이자 우리나라 팩트체크 저널리즘의 개척자로 꼽히는 정재철 기자는 언론인의 자리에서, 그리고 지금껏 쌓아온 학문 연구의 경험 위에서 12·3 계엄 사태를 극복하기 위한 방식으로 '음모론' 문제를 파고들었습니다.

이 책은 단순한 사례 모음이나 경고문이 아닙니다. 음모론이 어떻게 탄생하고, 어떻게 시민의 마음에 스며들고, 어떻게 정치적 폭력으로 폭발하는지 국내외 수많은 실증자료와 연구를 통해 해부해낸 책입니다. 특히 저자는 음모론을 믿는 사람들을 조롱하거나 배제하는 대신, 그들이 왜 허위의 손을 잡게 되는지 그 마음의 결핍과 불안을 성실하게 들여다봅니다. 그 시선 속에는 30년 기자 생활 동안 마주했던 수많은 '사람의 이야기'가 녹아 있습니다.

12·3 계엄 사태를 통해 우리는 더 이상 음모론을 가볍게 다뤄서는 안 된다는 것을 절감했습니다. 가짜 뉴스와 음모론은 단순히 온라인의 문제가 아니라 민주주의 공동체의 생존 문제입니다. 사실의 빈

틈을 비집고 자라나는 음모론을 깊이 들여다보면 결국 불안과 불신
이라는 사회적 토양에 뿌리내리고 있습니다. 이 책은 그 토양을 어떻
게 건전한 공론장과 신뢰의 공동체로 회복시킬 수 있을지, 독자들에
게 성찰과 실천적 지혜를 선사할 것입니다.

2025년 12월 국회의장 우원식

차례

왜 지금 음모론을 말해야 하는가

2024년 12월 3일 밤 10시 23분, 대한민국이 멈췄다. 바람은 매서웠고, 사람들은 말을 잃었다. 텔레비전에서는 긴급 뉴스 속보가 쏟아졌다. 윤석열 당시 대통령이 비상계엄을 선포하고, 군에 국회 점거를 명령했다는 보도였다. 그는 "국회가 헌정 질서를 위협하고 국가 기능을 마비시켰다"라고 계엄 이유를 밝혔다. 여의도 국회의사당 앞에는 군용 차량과 병력이 배치되기 시작했다. 민주주의의 뿌리를 뒤흔드는 장면이었다.

믿기 어려운 충격에 모두가 얼어붙었다. 시민들은 휴대폰을 들고 멍하니 화면만 바라봤다. 현실인지 아닌지 분간조차 어려웠다. SNS에는 "진짜야?"라는 말이 실시간으로 쏟아졌다. 방송사들은 정규 방송을 멈추고 속보를 전했다. 국회의장과 야당 대표 등 주요 정치인들을 대상으로 체포 명령이 떨어졌다.

이는 단지 권력자의 폭주가 아니었다. 음모론이 권력을 정당화하는 데 어떻게 쓰일 수 있는지를 적나라하게 보여주는 장면이었다. 계엄 포고령에 '종북 반국가 세력을 일거에 척결하고 자유 헌정 질서를 지키기 위함'이라고 명시한 것이나, 계엄령을 발령하고 방첩사령부 군인들을 중앙선거관리위원회에 대거 투입해 선관위 서버를 장악하려 했던 점이 이를 입증한다. 더군다나 12월 12일 윤석열 대통령은 대국민 담화를 통해 "선관위 시스템은 해킹으로 얼마든지 데이터 조작이 가능했고 방화벽도 사실상 없는 것이나 마찬가지였다. 그래서 국방부 장관에게 선관위 전산시스템을 점검하도록 지시한 것"이라며 스스로 부정선거 음모론을 거론하기까지 했다.

천만다행으로 계엄 직후 국회는 즉각 본회의를 열어 계엄 해제 결의안을 통과시켰다. 당시 국회의사당 입구를 군과 경찰이 막았지만, 우원식 국회의장을 비롯한 다수의 국회의원이 지하 통로나 담장을 넘어 진입했다. 결의안은 재석 의원 전원 찬성으로 가결되었다. 시민들도 거리로 나섰다. 서울광장, 광주 금남로, 부산 서면에서 촛불 시위가 시작되었고, 전국 대학생들과 단체들도 시국 선언과 농성에 돌입했다. 의료인들은 복귀 명령을 거부하며 정치적 동원에 반대했다. 계엄은 6시간 만에 무력화됐지만, 그날 밤은 한국 정치사에서 가장 어두운 순간 중 하나로 기록됐다. 민주주의가 음모론에 빠진 지도자의 망상으로 무너질 수도 있음이 증명되었다.

한국만의 이야기가 아니다. 2021년 1월 6일 미국 워싱턴 D.C.에서는 대선에 패배한 도널드 트럼프가 "선거가 도둑맞았다"라고 하자 그 주장을 믿은 지지자들이 국회의사당을 습격했다. 경찰이 밀려났고, 상·하원 합동 회의는 중단됐으며, 사망자도 발생했다. 민주주의의 중심이 무너진 순간이었다.

브라질에서는 2022년 대선 후 자이르 보우소나루 전 대통령이 "부정선거"를 외치며 패배를 인정하지 않았다. 지지자들은 정부 청사를 점거하고 폭력을 행사했다. 프랑스에서는 '대체 이론'이라는 음모론이 이민자 혐오와 결합해 극우 정치세력을 부상시켰다. 인도네시아에서는 '중국의 경제 침략' 담론이 혐오 정치를 정당화하는 데 사용됐고, 필리핀에서는 '마약과의 전쟁'을 정당화하는 허위 서사가 국가 폭력을 촉진했다.

이 모든 폭력과 혐오, 무질서의 바탕에 있는 공통 분모가 음모론이다.

음모론은 단순한 착오가 아니다. 사회를 분열시키고 민주주의를 파괴할 수 있는 구조적 힘이다. 음모론은 사회적 신뢰가 낮고, 경제가 불안정하며, 정치가 권위주의적이고, 정체성 갈등이 깊을수록 더 쉽고 더 빨리 퍼진다. 정치학자 페오도르 스나고브스키Feodor Snagovsky는 '백인 의식' 같은 정체성 기반 정치가 특정 음모론을 강화한다고 분석했고, 아담 엔더스Adam Enders는 음모론을 믿는 성향이 높을수록 정치 폭력의 정당화 가능성도 함께 높아진다고 경고했다. 심리학자 캐런 더글러스Karen Douglas와 연구진은 음모론이 인간의 인식적, 실존적, 사회적 욕구를 매혹적인 서사로 충족시킨다고 설명했다.

디지털 기술은 음모론의 작용을 극대화한다. 유튜브, 페이스북, 트위터 등 소셜 미디어는 사용자 맞춤형 알고리즘으로 개인의 신념을 강화하는 정보를 반복적으로 노출한다. MIT 연구진은 트위터에서 거짓 정보가 진실보다 여섯 배 빠르게 확산한다고 밝혔다. 감정적으로 반응할 가능성이 높은 콘텐츠를 우선 확산하는 알고리즘은 결과적으로 사실보다 거짓을 퍼뜨리는 데 기여한다. 그 결과 우리는 언제든 음모론의 깊은 구멍 속으로 빠져들기 쉽다.

2025년 1월 4일 《뉴욕타임스》는 윤석열의 계엄 시도를 두고 "알고리즘 중독이 촉발한 세계 최초의 반란"이라고 보도했다. 단순한 수사적 표현이 아니다. 실제로 당시 많은 윤석열 지지자는 주류 언론을 신뢰하지 않았다. 극우 성향의 유튜브 채널과 온라인 커뮤니티에 몰입해 음모론을 사실로 받아들였다. 허위정보는 분노를 촉발했고, 분노는 행동으로 이어졌다. 민주주의 제도의 붕괴는 총칼이 아니라 정보 생태계의 균열로 먼저 시작된 셈이다.

국제민주주의연구소는 디지털 음모론 확산을 민주주의 후퇴의 핵심 요인으로 지목했다. 오늘날 음모론은 국경을 넘고 정당의 경계를 무너뜨리며 공동체 내부를 분열시킨다. 흔히 현대 사회를 '탈진실 Post-truth'의 시대라고 한다. 감정이 이성을 앞서고, 믿음이 증거보다 강한 현실을 반영한 표현이다. 그렇다고 넋 놓고 있을 수만은 없다. 수많은 사람의 피와 땀과 눈물로 쌓아온 민주주의가 정치권력과 결합한 음모론에 무너지게 둬서는 안 된다.

계엄 당일 밤 필자 역시 가족들과 불안한 작별 인사를 나눈 뒤 서둘러 회사로 향했다. 택시를 잡아타고 사무실로 가는 내내 말로 표현하기 어려운 감정의 일렁임이 있었다. 30년 가까운 기자 생활에서 한 번도 경험하지 못한 복잡다단한 감정이었다. 짧은 순간이지만 내가 할 수 있는 일이 무엇일까 고민했다. 이 책은 그때의 감정과 문제 의식에서 출발했다.

팩트체크 저널리즘과 가짜 뉴스(허위정보) 문제에 천착해온 지난 10여 년의 여정이 12·3 계엄을 거치면서 음모론에 대한 관심으로 이어졌다. 삶의 터전과 공동체를 위협하는 음모론을 제대로 이해하고 대안을 마련하는 것이 얼마나 중요한지 절감했다. 그 고민을 갈무리해 책에 담았다.

책에서는 우선 음모론의 기원, 정의, 구조를 살피고 인간 심리와 사회 조건이 어떻게 이를 촉진하는지 설명한다. 또 사람들의 삶에 끼치는 다양한 폐해와 각국의 사례를 통해 음모론이 어떤 방식으로 사회적 폭력을 유발하는지를 분석한다. 마지막으로 민주주의 관점에서 음모론의 영향을 조망하고, 시민 교육, 플랫폼 규제, 정책 개입 등을 통한 대응 방안을 모색한다.

민주주의는 '사실에 대한 공적 합의'를 회복하는 데서 시작해야 한다. 비판적 사고, 타인의 견해에 귀 기울이는 태도, 증거에 기반한 판단은 민주주의의 보루다. 민주주의를 다시 세우는 길은 멀고 험하지만, 첫걸음은 진실을 선택하는 일에서 시작된다. 이 책이 시민 역량을 회복하고 민주주의의 기초를 세우는 작은 이정표가 되길 희망한다.

1

음모론이란 무엇인가

음모론이란
무엇인가

늦은 밤 한 사람이 노트북 화면 앞에 앉아 유튜브 영상을 시청하고 있다.

"세상을 지배하는 숨은 세력"이라는 굵은 제목이 한눈에 들어온다.

영상 속 화자는 "언론은 전부 가짜고, 정부는 거짓말을 하고 있다"고 말한다.

댓글 창에는 공감의 글들이 빠르게 쌓여간다.

"역시 나만 이상하게 느낀 게 아니었네요."

"이게 바로 진실입니다."

음모론conspiracy theory은 단순한 의심이나 오해에서 비롯된 것이 아니다. 그것은 세상을 해석하고 설명하려는 강력한 인식 체계이며, 믿음을 넘어서 진짜 '현실'로 받아들여진다. 음모론은 "누가 이 세상을 움직이는가?"라는 질문에서 출발해 보이는 것 너머의 '은폐된 진실'을 찾아가는 서사 구조를 형성한다.

대표 사례로 2001년 미국 뉴욕에서 발생한 9·11테러 사건과 관계된 음모론을 들 수 있다. 공식 발표에 따르면 이 사건은 알카에다라는 이슬람 극단주의 세력이 저지른 범행이었다. 하지만 일부에서는 "미국 정부의 자작극"이라는 주장을 펼쳤다. 그러면서 비행기와 충돌하지 않은 세계무역센터 7번 건물이 왜 대칭적으로 무너졌는지, 사건 직후 급하게 통과된 '애국법Patriot Act'과 이라크 침공은 무엇을 의미하는지에 대한 질문들이 이어졌다. 이러한 의심은 단지 사고의 원인을 묻는 것이 아니었다. 겉으로 드러난 설명이 '가짜'이며, 진짜 진실은 '숨겨져 있다'는 믿음을 전제로 했다.

케임브리지 사전은 음모론을 "강력한 사람들이 세상을 통제하기 위해 비밀리에 행동하고 있다는 믿음"이라고 정의했고, 메리엄-웹스터 사전은 "공식 설명을 거부하며 권력자들의 숨겨진 계획이 있다고 보는 설명 방식"으로 설명했다. '권력', '은밀함', '의도성'이라는 세 가지 핵심 개념이 공통적으로 등장한다.

왜 사람들은 이런 음모론에 끌릴까? 사람들은 복잡하고 예측 불가능한 세상 속에서 질서를 갈망한다. 원인을 알 수 없는 사건이 벌어졌을 때, 배후에 누군가가 있다는 믿음은 불안을 잠재우는 위안이 된다. 특히 사회적 위기 상황에서는 이런 경향이 더욱 강화된다. 경제 위기, 전염병 대유행, 기후 재난, 정치적 양극화 등은 사람들로 하여금 단순하면서도 일관된 '큰 설명'을 갈구하게 만든다. "이건 모두 계획된 일이야"라는 인식은 세상이 통제 가능한 질서를 가지고 있다는 환상을 제공하는 동시에, '나는 진실을 꿰뚫어 보는 사람'이라는 자기 위안을 주기도 한다. 이는 음모론 신봉자들에게 강한 자부심과 소속감을 제공한다. 그럴 때 음모론은 단순한 설명을 넘어 정체성과 공동체성의 기반이 된다.

장-니콜라스 보르델로Jean-Nicolas Bordeleau와 마이클 바쿤Michael Barkun은 음모론의 핵심 구성 요소를 구체적으로 이론화하며 학문적 논의를 진전시켰다.

보르델로는 음모론이 성립하기 위한 세 가지 필수 조건으로 '비밀성secrecy', '악의성malevolence', '의도성intentionality'을 제시했다. 즉 음모론은 은밀하게 진행되는 계획이며, 그 목적은 공공의 이익이 아니라 특정 세력의 이익을 위한 악의적 행동이고, 우발적이 아니라 의도적으로 실행된 것이라는 전제를 갖는다. 보르델로에 따르면 이러한 세 가지 조건이 충족될 때 우리는 어떤 주장을 '음모론'으로 규정할 수 있다.

마이클 바쿤은 이 논의에 세 가지 신념 체계를 더했다. 첫째는 '우연은 없다Nothing happens by accident'는 믿음이다. 음모론적 사고에 따르면 세계에서 발생하는 모든 일은 계획된 결과이지 우연의 산물이 아니다. 둘째는 '겉과 속은 다르다Nothing is as it seems'는 인식이다. 공식적으로 드러난 설명이나 보도는 진실을 은폐하거나 왜곡하고 있으며, 숨겨진 진실은 오직 일부 사람들만이 알 수 있다는 믿음이 전제된다. 셋째는 '모든 것은 연결되어 있다Everything is connected'는 세계관이다. 서로 무관해 보이는 사건조차도 음모라는 거대한 퍼즐의 일부로 간주되며, 단절보다 연결이 기본값이 되는 사고 구조다. 이 여섯 가지 요소는 음모론이 단순한 의견이나 주장이 아니라 하나의 완결된 인식 체계임을 보여준다.

결국 음모론은 '시대의 불안'을 반영하는 하나의 해석 체계라 할 수 있다. 정보의 과잉, 신뢰의 붕괴, 정치적 양극화, 사회적 소외와 같은 요인들이 복합적으로 작용하면서 음모론은 더욱 강화되고 확산한다. 사람들은 음모론을 통해 단순한 안정감뿐 아니라 '진실을 아는 소수자'라는 정체성까지 획득한다. 음모론을 단순히 무지나 괴담, 혹은 위험한 허위정보로만 볼 수 없는 이유다. 그것은 개인의 심리적 욕구와 사회적 조건, 역사적 경험이 결합한 복합적 현상이다. 따라서 음모론에 대응하기 위해서도 단순한 조롱이나 억압보다는 먼저 그것이 작동하는 구조를 이해하고, 공감이 가능한 방식으로 해체하려는 노력이 필요하다. 이 장에서 음모론이 무엇인지 차근차근 알아보도록 하자.

음모론의 특징
: 구조, 인지, 심리의 삼중렌즈

음모론은 정보 과잉, 사회적 불신, 기술 변화라는 복합적인 환경 속에서 오늘날 아주 강력한 문화적·심리적 현상으로 자리 잡고 있다. 음모론의 특징을 구조적, 인지적, 사회·심리적 차원으로 나눠 좀 더 자세하게 살펴보자.

구조적 특징: 음모론을 구성하는 뼈대

첫째, 음모론은 반드시 '비밀 행위자'의 존재를 전제로 한다. 일루미나티, 프리메이슨, 딥스테이트(Deep State: 정부의 비공식 권력 구조) 등 실체가 명확히 드러나지 않는 집단이 전 세계를 조종하고 있다는 전제다. 음모론자는 대중은 보지 못하지만 그 존재의 '증거'가 명백하다고 여긴다.

둘째, 음모론은 사건이 우연이나 실수로 발생했다고 보지 않는다.

오히려 모든 일은 철저한 계획과 조작의 산물이라고 주장한다. 대형 사고, 감염병, 지진조차도 누군가의 치밀한 계획 아래에서 일어난 것으로 해석한다. 이는 본능적으로 우연보다 원인을 선호하는 인간의 인지적 경향과도 깊은 관련이 있다.

셋째, 음모론의 핵심 전략은 기존 증거에 대한 재해석이다. 정부 발표의 모순, 언론 보도의 누락, 과학적 불확실성은 모두 '진실을 숨기기 위한 의도적인 장치'로 간주된다.

음모론자들은 공식 설명을 오히려 '조작의 흔적'으로 해석하며, 어떤 정보든 자신들의 내러티브에 맞춰 재구성한다.

인지적 특징: 생각하는 방식의 왜곡과 강화

음모론은 과학적으로 반증하기 매우 어려운 구조를 갖고 있다. 설령 반박 증거나 과학적 근거가 제시되더라도 음모론자들은 그것조차 '진실 은폐를 위한 연막'으로 해석한다. 이러한 순환 논리는 외부의 비판이나 검증을 스스로 무력화시키는 기능을 한다.

또한 음모론자들은 전혀 무관한 사건들 사이에서도 의미 있는 패턴과 연결성을 인식하려는 경향이 강하다. 이는 인간의 '무작위성에 대한 혐오'에서 비롯되며, 복잡한 세상을 단일 원인으로 설명하려는 욕구와도 밀접한 관련이 있다.

나아가 음모론은 개별 사건을 설명하는 수준을 넘어 다양한 현상을 관통하는 종합적 설명 체계를 만들어낸다. 일종의 '시스템 음모론'이 되는 것이다. 이를 통해 단순한 의혹이 아니라, 완결된 세계관으로 기능한다.

사회적·심리적 특징: 개인과 사회에 미치는 영향

음모론의 기반에는 권력에 대한 깊은 불신이 깔려 있다. 정부, 언론, 과학자, 대기업 등 기존 제도나 권위를 전적으로 신뢰하지 않는다. 이러한 불신은 단순한 편견이라기보다 실제 존재했던 스캔들이나 역사적 불공정에 근거한 경험적 감정에서 비롯된 경우가 많다.

더불어 음모론은 세상을 선과 악이라는 이분법으로 단순화한다. 음모를 꾸미는 세력은 절대악으로, 대중은 피해자로 그려진다. 이를 통해 복잡한 사회 문제를 흑백논리로 단순하게 이해하게 만든다.

아울러 음모론을 믿는 사람들은 자신이 특별한 진실을 알고 있다는 강한 자부심을 느낀다. "눈을 떠라", "순진한 양들" 같은 표현은 자신들이 '깨어 있는 소수'임을 강조하는 데 사용된다. 이러한 표현은 내집단의 정체성을 강화하고, 외집단과의 간극을 더욱 벌린다.

마지막으로, 음모론은 개인에게 심리적 보상도 제공한다. 현실이 불확실하고 통제하기 어려울수록 '모든 것은 계획된 것이다'라는 단순한 서사가 사람들에게 안도감을 준다. 특히 사회적으로 소외된 집단은 이 이론을 통해 정체성과 소속감을 획득한다.

어떤 사회가
음모론을 원하는가

앞에서 살펴본 음모론의 특징은 음모론이 일정한 사회적 기능을 수행하게 만든다. 흔히 음모론을 단순히 '잘못된 정보'나 '가짜 뉴스'와 같은 것으로 여기는 경우가 많다. 그러나 음모론은 그 이상이다. 불확실하고 복잡한 사회 속에서 개인과 집단이 현실을 해석하고 대처하는 하나의 방식이며, 때로는 심리적·정치적·사회적 요구에 대한 응답이다. 사회가 불안정하고 복잡해질수록 사람들은 세상을 단순하게 설명해주는 서사를 원하기 마련이다. 그 역할을 음모론이 대신 수행한다.

개인의 정체성 형성에 관여

"나는 깨어 있는 사람이다"라는 인식은 단순한 정보 해석이 아니라 자존감과 정체성의 문제로 이어진다. 특히 사회적으로 소외되었거나 제도 안에서 배제된 이들에게 음모론은 현실을 설명하고 자신의 위치를 정당화하는 수단이 된다. '왜 나는 성공하지 못했는가'라는 질문이 어느 순간 '시스템이 나를 억압하고 있기 때문'이라는 해석으로 바뀐다. 이처럼 음모론은 실패나 고통을 외부 요인으로 돌리며 자아를 보호하는 기능을 하기도 한다.

사회학자 에밀 뒤르켐Émile Durkheim이 말한 '집단의식collective consciousness' 개념을 빌리자면 음모론은 공유된 신념을 통해 새로운 공동체를 형성하는 역할도 한다. 특히 전통적인 가족 중심 공동체나 지역 공동체가 해체되고 개인화가 깊어진 현대 사회에서 온라인 음모론 커뮤니티는 새로운 소속감을 제공하는 '상상된 공동체'가 된다. 그 안에서 사람들은 서로의 믿음을 확인하고, 주류 사회의 배제로부터 자신을 보호한다.

불안 완화 기능

인간은 원래 무작위와 우연을 받아들이는 데 익숙하지 않다. "그냥 그렇게 일어났다"는 설명보다는 "누군가가 그렇게 만들었다"는 해석이 훨씬 더 믿음이 가고 위안을 준다. 특히 대형 재난이나 테러, 전염병과 같은 통제 불가능한 사건이 벌어질 때 음모론은 그 불안을 정리해 주는 역할을 한다. 이를 정신분석학적으로 보면 내면의 공포와 무력감을 외부의 적에게 투사projection함으로써 자신을 방어하는 기제라고 할 수 있다.

정치적 동원 수단

음모론은 단순한 설명을 넘어서 강한 감정과 행동을 유도하는 정치적 도구가 되기도 한다. "그들이 우리를 속이고 있다", "아이들을 해치고 있다"는 식의 주장은 공포와 분노, 정의감이라는 강력한 감정을 자극한다. 특히 포퓰리스트 정치인들은 이러한 음모론적 수사를 능숙하게 활용한다. 사회를 '우리'와 '그들'로 구분하고, 엘리트나 상대 집단을 적으로 설정해 지지층을 모으는 전략이다. "그들만의 리그에 맞서는 순수한 우리"라는 서사는 단순하지만 매우 강력한 정치적 메시지가 된다.

인지적 자기방어 기능

음모론은 반박을 매우 효과적으로 차단하는 구조를 갖고 있다. 과학적 증거나 논리적 반론이 제시되더라도 그것을 오히려 '은폐 시도의 일환'으로 받아들이는 경우가 많다. 심리 학자 레온 페스팅거Leon Festinger가 제시한 '인지 부조화cognitive dissonance' 개념으로 설명할 수도 있다. 사람들은 자신이 믿는 것과 상충되는 정보를 접할 때 심리적 불편을 느끼며, 이를 줄이기 위해 기존 믿음을 강화하거나 반대 정보를 왜곡하는 경향이 있다. 오히려 반박이 있을수록 그들의 신념은 더욱 단단해진다는 것이다.

사회 비판과 저항의 언어 기능

음모론은 종종 기존 제도나 주류 담론에 접근하기 어려운 사람들에게 대안적인 표현 수단이 된다. 예를 들어 엘리트들이 돈과 권력을 독점하고 있다는 '엘리트 음모론'은 자본주의의 불평등 구조에 대한 정교한 분석 없이도 강력한 상징 언어를 통해 대중의 공감과 분노를 끌어낸다. 이것은 단순한 정보 부족에서 비롯된 것이 아니라 구조적으로 발언권을 갖기 어려운 집단이 사회에 대해 갖는 정서적 대응이라고 볼 수 있다.

이상과 같은 점에서 음모론은 사회의 불평등, 신뢰의 붕괴, 고립과 소외를 비추는 거울에 비유되곤 한다. 그것이 누군가에게는 위안이고, 또 다른 누군가에게는 분노의 언어다. 때때로 그것은 정치적 무기로 변하기도 한다.

음모론의
여러 얼굴

음모론이 개인 심리, 사회 조건, 역사 경험이 결합한 복합적 현상인 만큼 현실에 등장하는 음모론의 유형이나 모습도 하나가 아니다. 때로는 정치적 불만을 표현하는 수단이 되고, 때로는 과학기술에 대한 불신이나 종교적 신념, 혹은 경제적 불평등에 대한 반응으로 등장한다. 음모론의 대표적 유형 4가지를 주제와 기능에 따라 살펴보자.

정치적 음모론

이 유형은 부정선거, 딥스테이트(Deep State: 정부 이면의 비공식 권력), 또는 국가 전복 시나리오와 같은 주제를 포함한다. 정치적 음모론은 민주주의 체제에 대한 불신이 강해지는 시기에 자주 등장한다. 정권이 교체되거나 사회가 혼란을 겪을 때 그 영향력은 더욱 커진다.

역사적으로도 프랑스 혁명 직후의 왕당파 음모론, 러시아 혁명

이후의 유대인-볼셰비키 결탁설, 냉전 시기의 공산주의 침투설 등이 이에 해당한다. 오늘날에는 "진짜 권력은 선출된 인물이 아니라 관료 조직이나 숨겨진 세력이 쥐고 있다"라는 딥스테이트 개념이 전 세계 적으로 번지고 있다. 이 같은 음모론은 선거나 정부에 대한 신뢰를 약화하고, 정치적 양극화를 심화하며, 특정 정치 세력이 지지층을 결집하는 도구로 활용되기도 한다.

과학기술 음모론

이 유형은 백신 마이크로칩설, 기후변화 조작설, 5G 통신망의 해악설, 화학비행운Chemtrails과 같은 주장을 포함한다. 현대 과학기술은 점점 더 복잡해지고 있어 일반 시민들이 그 내용을 모두 이해하기는 어렵다. 그 결과 사람들은 자신이 모르는 기술에 대해 불신을 품게 되고, 그 기술이 자신에게 해를 끼칠 수 있다고 믿기 쉬워졌다.

예를 들어 코로나19 백신에 마이크로칩이 들어 있다는 주장은 과학에 대한 불신과 권력에 대한 의혹이 결합한 결과라고 볼 수 있다. 이처럼 과학기술 음모론은 공공 정책을 방해하고, 실제로 건강이나 환경에 부정적인 영향을 줄 수 있다는 점에서 더욱 주의가 필요하다.

종교적·초자연적 음모론

이 유형은 프리메이슨, 사탄 숭배 집단, 외계 생명체의 개입, 종말론적 계획 등을 포함하며 세상을 '선과 악의 전쟁'으로 해석하는 경향이 강하다. 대표적 사례로는 큐어넌QAnon 운동을 들 수 있다. 큐어넌은 정치적 음모론인 동시에 기독교 종말론과 결합한 강한 신념 체계를 갖고 있다. 이들은 지구를 지배하는 엘리트들이 아동을 희생시키는 사악한 집단이라고 믿으며, 자신들은 그에 맞서 싸우는 '선한 전사'라고 여긴다. 이런 사고방식이 종종 극단적 행동으로 이어진다. 실제로 일부 집단은 기후변화 정책이나 공공 보건 조치마저 '사탄 숭배자들의 계략'으로 간주하며 과학적 반박조차 받아들이지 않는다.

경제적 음모론

유대계 금융 세력이 세계 경제를 장악하고 있다는 주장, 중앙은행이 전 세계를 조종한다는 생각, 전 세계 엘리트 그룹의 비밀회의를 지칭하는 빌더버그 그룹이나 세계경제포럼WEF이 세계 질서를 은밀히 재편하고 있다는 의혹이 여기에 속한다. 이러한 음모론은 사회 불평등과 경제적 불만에서 비롯된다.

2008년 글로벌 금융위기 이후 대형 은행과 글로벌 엘리트에 대한 분노는 더욱 강해졌다. 사람들은 복잡한 금융 시스템을 이해하기 힘들었고, 점점 어려워지는 삶의 원인을 외부 세력의 '음모'로 돌렸다. 이 과정에서 역사적으로 차별받아온 유대인이 종종 희생양이 되는 경우도 있다. 최근에는 '위대한 재설정Great Reset'이라는 개념이 음모론의 새로운 주제로 떠오르고 있다. 코로나19 이후 세계경제포럼이 글로벌 경제를 통제하려 한다는 주장으로 일부에서는 이를 민주주의를 넘어선 비밀 지배 시도로 받아들인다.

이처럼 음모론은 하나의 고정된 형태가 아니라, 시대와 사회, 그리고 개인의 감정에 따라 다양한 모습으로 변주된다. 사람들은 복잡하고 예측하기 어려운 세상 속에서 단순하고 명확한 설명을 원한다. 음모론은 바로 그 틈을 파고든다. 불안에 의미를 부여하고, 의심에 질서를 부여한다. 따라서 음모론을 단순한 '거짓말'로 취급하기보다는 그것이 어떤 맥락에서 등장했으며, 왜 사람들에게 그렇게 설득력 있게 다가오는지를 이해하려는 노력이 필요하다. 음모론의 확산은 그 사회가 직면한 갈등, 불신, 정보 격차를 드러내는 거울일 수 있기 때문이다. 그 거울을 외면하지 않고 정면으로 들여다보는 일이야말로 음모론 시대를 살아가는 우리가 가장 먼저 해야 할 일인지도 모른다.

실제 음모 VS 음모론

"정부가 과거에 정보를 숨긴 적도 있고, 대기업이 대중을 속인 일도 실제로 있었잖아요."

음모론을 믿는 많은 사람들은 이렇게 주장한다. 그 말이 완전히 틀린 것은 아니다. 정부와 기업이 조직적으로 거짓을 감추고 조작한 사례는 역사적으로 분명히 존재했다.

예를 들어 미국의 닉슨 대통령이 연루된 워터게이트Watergate사건, 연방수사국FBI의 정치 감시 프로그램인 코인텔프로COINTELPRO, 중앙정보국CIA의 인간 정신실험 프로젝트MK-ULTRA는 모두 공식적으로 드러난 실제 음모였다. 담배 회사들이 흡연의 유해성을 오랫동안 숨긴 일, 폭스바겐이 배출가스 테스트 결과를 조작한 사건도 마찬가지다.

이들 사건은 처음에는 근거 없는 '소문'으로 여겨졌지만, 수사와 고발, 언론 보도를 통해 실제로 있었던 음모로 밝혀졌다.

그래서일까. 사실로 드러난 음모들이 음모론의 정당성을 뒷받침하는 강력한 사례로 종종 활용된다. "그때도 다들 믿지 않았지만 결국

엔 사실이었잖아", "지금도 뭔가 숨기고 있을 가능성이 있어"라는 식의 생각은 자연스럽고, 일면 타당해 보인다.

하지만 실제로 일어난 '음모'와 아직 아무런 증거 없이 제기되는 '음모론'은 전혀 다른 성격의 것이다. 이 둘을 구분하지 않고 섣불리 받아들이면 우리는 비판적 사고가 아닌 맹목적인 신념 속으로 빠져들 수 있다.

실제 음모의 경우 무엇보다 구체적이고 객관적인 증거가 수반된다. 내부 문서, 공식 보고서, 증인이나 증언, 재판 기록 같은 물적·인적 증거를 통해 사실이 입증된다. 반면 음모론은 증거 없이 '정황'과 '의심'을 중심으로 구성되며 강한 확신을 동반하는 경우가 많다.

또 하나 주목할 점은 '검증에 대한 태도'다. 실제 음모는 시간이 흐르며 다양한 방식으로 확인되고 반박도 수용될 수 있다. 언론이나 학계, 사법기관 등을 통해 사실 여부가 공론장에서 다뤄질 수 있다는 이야기다. 반면 음모론은 반론을 '은폐의 일환'으로 받아들이며 외부 비판을 무력화시켜버린다. 검증이 불가능하고 반박마저 수용하지 않는다면 그것은 더 이상 열린 주장이라기보다 '닫힌 신념 체계'에 가깝다.

현실성과 스케일도 차이가 있다. 실제 음모는 주로 제한된 인물이나 기관이, 제한된 시간과 공간 안에서 벌인 사건이다. 그러나 음모론은 종종 수십 년 혹은 수백 년 동안 전 세계적으로 진행된 '완벽한 계획'을 가정한다. 가령 "세계 정부가 언론, 과학자, 교육계를 모두 통제해왔다"는 주장은 실제 일어났던 부패 사건과는 차원이 다른 스케일의 상상을 전제로 하고 있다.

음모론과 실제 음모는 '누구를 어떻게 바라보는가'라는 점에서도 차이가 드러난다. 실제 음모는 구체적인 책임 주체와 피해자를 전제로 하며, 제도적 개혁이나 사법적 처벌이 해결 방안으로 뒤따를 수 있다. 반면 음모론은 대개 '그들'이라는 막연하고 거대한 적을 설정한다. 특정 민족, 종교, 인종, 계층을 비난하는 방식으로 이어질 때도 많다. 이러한 일반화와 도식화는 혐오와 차별을 낳는 위험한 단초가 된다.

행동의 방향성 또한 다르다. 실제 음모를 밝혀내려는 노력은 결국 제도와 법률 안에서 문제를 고치고 개선하려는 움직임으로 이어진다. 이에 반해 음모론은 기존의 사회 질서를 통째로 부정하거나, 극단적인 행동을 정당화하는 논리로 사용되곤 한다.

사회학자 조지프 우신스키Joseph Uscinski 교수는 "모든 음모론이 틀린 것은 아니지만, 대부분의 음모론은 틀렸다"고 말한다. 이 말은 음모론을 무조건적으로 배척하자는 뜻이 아니다. 오히려 그만큼 더 신중하고 비판적인 사고가 필요하다는 점을 일깨워준다.

이상을 종합해보면 의심 자체는 결코 나쁜 것이 아니다. 오히려 건전한 의심은 건강한 민주주의를 위해 반드시 필요하다. 그러나 그 의심이 맹목적인 믿음이 되지 않으려면 사실에 근거한 검증과 열린 토론의 과정이 반드시 뒤따라야 한다. 음모론과 실제 음모의 차이를 분명히 인식하고 구분할 수 있는 시민의식이 바로 더 나은 민주사회를 만들어가는 출발점이 된다.

실제 음모와 음모론을 구분하는 핵심 기준을 요약해보면 다음과 같다.

항목	실제 음모(검증된 사건)	음모론(추측성 주장)
증거	문서, 증인, 수사 등 실질적 증거 존재	구체적 증거 부족, 정황에 의존
날짜, 논리, 검증 논리	특정 시기, 명확한 동기, 이성적 분석	모호한 시간대, 감정적이고 극적인 전개
검증 가능성	수사, 재판 등을 통해 검증 가능	검증 시도조차 은폐로 간주
반박에 대한 태도	반박을 수용하고 재검토	반박 자체를 공모로 해석
비판 대상	구체적 사건이나 인물에 집중	전체 체제나 불특정 세력 비난
불신	입증된 부정행위로 인한 불신	모든 권위자 및 제도에 대한 일반적 불신
공격 대상	구체적 책임자 지적	정부, 민족, 업계 전체 등 모호한 대상 비난
기존 시스템에 대한 태도	시스템 내부에서 개혁 추구	시스템 전체를 부정하거나 파괴할 것을 주장
규모와 기간	제한된 규모와 시간 범위	불분명하고 초월적 스케일 주장
행위자	구체적이고 제한된 인물 또는 조직	모호하고 초월적인 '그들' 또는 글로벌 세력
복잡성 인식	인간의 실수, 우연, 오류 인정	모든 것을 치밀하게 계획된 결과로 해석
우연	우연이나 사고 가능성 인정	모든 사건이 의도된 결과라고 간주

음모론은 민주주의의
그림자에서 자란다

민주주의는 본래 의심과 감시, 비판을 적극적으로 수용하는 제도다. 언론의 자유, 표현의 자유, 선거 참여권은 시민이 권력을 견제하고 사회의 방향을 결정할 수 있게 설계된 장치들이다. 그런데 건강한 의심이 극단화되어 제도 전체를 '조작된 게임판'으로 인식하게 되면 민주주의의 기반은 송두리째 흔들린다.

선거가 끝났지만 '투표가 조작됐다'는 주장이 계속된다. 정부의 모든 발표가 '거짓'이라고 여겨진다. 과학적 사실조차 '조종당한 진실'로 치부되기도 한다. 이런 사회에서는 더 이상 공통된 사실과 기준을 바탕으로 토론이 이뤄질 수 없다. 위르겐 하버마스Jürgen Habermas가 말한 공론장public sphere—서로 다른 시민이 함께 사실을 공유하고 의견을 나누는 공간—은 붕괴되고 만다.

음모론은 공론장의 기반을 무너뜨린다. 사회는 '서로 다른 의견을 가진 시민'들이 아닌 '진실을 아는 우리 대 거짓에 속은 그들'로 양분된다. 사실에 대한 합의는커녕 무엇이 사실인지조차 공유되지 않는

음모론이 민주주의에 영향을 미친 구체적인 사례

<table>
<tr><td>

미국 의회 난입 사건
-부정 선거 음모론을 믿고
 의사당 점거
-민주적 선거 절차 신뢰
 훼손
-정치적 폭력과 극단주의
 조장

</td><td>

부정선거 음모론
-선거 결과가 조작되었다고
 주장
-선거의 공정성과 투명성
 의심
-민주적 제도의 근간을
 흔드는 결과

</td></tr>
<tr><td>

백신 음모론
-코로나19 백신에
 마이크로칩 삽입, DNA
 조작 등 주장
-공중보건 위기 초래

</td><td>

딥스테이트 음모론
-선출되지 않은 비밀
 엘리트 집단이 정부를
 조종한다는 주장
-정부와 공공기관 신뢰
 약화
-민주적 절차 왜곡

</td></tr>
</table>

결론 : 음모론은 정치적 극단화, 사회적 불신, 공공 정책의 실패를 초래하며
민주주의 안정성과 지속 가능성을 위협한다.

다. 이러한 환경에서 민주주의는 제도가 남아 있을지언정, 그 내용은 점점 비어가게 된다.

여기서 주의할 점이 있다. 음모론을 믿는 사람들을 단순히 '무지하다'거나 '이성적이지 못하다'고 단정해버리는 태도는 문제 해결을 더 어렵게 만든다. 왜냐하면 음모론은 실제로 존재하는 사회적 결함

에 바탕을 둔 감정의 표현일 수 있기 때문이다.

예를 들어보자. 한 시민이 이렇게 말한다.

"내가 정치에 아무리 참여해도 내 삶은 나아지지 않았다. 정부도 기업도 다 자기들끼리 해먹는 것 같다."

이런 감정은 정당한 정치적 분노일 수 있다. 문제는 이 분노가 제도 안에서 건설적인 방향으로 풀리지 못하는 경우다. 그러면 사람들은 "그들이 우리를 속이고 있다"는 서사에 끌리게 된다. 특히 사회적으로 소외된 사람일수록 이 서사는 강한 정체성과 자존감을 제공한다.

그렇기 때문에 우리는 음모론을 단지 사실의 문제로만 다뤄서는 안 된다. 그것은 정치적 불신, 사회적 소외, 정체성의 위기가 빚어낸 복합적 산물이다. 다시 말해 현대 민주주의가 마주한 가장 어두운 그림자 중 하나다.

특히 포퓰리스트 정치인들은 음모론을 전략적으로 활용해 대중의 분노를 자극한다. 기존 제도를 '부패한 시스템'으로 몰아붙이며 자신을 '진정한 대변자'로 포장한다. 도널드 트럼프 미국 대통령이나 보우소나루 브라질 전 대통령이 보여준 행동이 대표적인 사례다. 그들은 "선거는 조작됐다"는 주장을 내세워 민주적 절차에 대한 신뢰를 무너뜨렸고, 이는 심각한 폭력 사태로 이어졌다. 음모론이 자라는 민주주의의 그림자를 없애지 못한다면 이러한 정치적 선동과 폭력 사태는 앞으로 더 심해질 것이다.

2

사람들은 왜
음모론을 믿는가

무엇이든
믿고 싶은 사람들

"사람들은 왜 저런 황당무계한 음모론에 쉽게 끌리는 걸까?"

많은 사람들이 이런 질문을 던진다. 음모론은 인간이 세상을 어떻게 이해하고 해석하는가에 대한 문제이며, 심리적 욕구와 사회적 조건이 복합적으로 작용한 결과다. 말하자면 '믿음의 틀'이자 불확실한 세상을 설명하고자 하는 인간 본연의 시도라고도 볼 수 있다.

심리학 연구에 따르면 인간의 뇌는 환경 속에서 패턴을 감지하고 거기서 의미를 찾는 능력을 발전시켜왔다. 예컨대 고대 수렵채집 시대에는 수풀에서 들리는 작은 소리조차 포식자의 움직임으로 해석하는 경향이 생존에 유리했다. '거짓 경보false positive'는 틀리더라도 안전한 선택이었기에 뇌는 실제보다 위협을 과장해 감지하는 방향으로 발달했다. 하지만 이러한 특성이 오늘날 복잡한 사회에서는 '과잉 해석'으로 작용해 존재하지 않는 음모나 의도를 만들어내게 된다.

음모론은 바로 이런 심리적 틈을 파고든다. 현실의 사건들은 대개 다양한 요인과 배경 속에서 일어나지만 음모론은 그것을 단 하나의 설명 즉 '그들의 계획'으로 단순화한다. 복잡한 현실을 단순하고 명확한 원인으로 해석하려는 경향은 인간의 인지적 특성과 깊이 맞닿아 있다.

심리학자 아리 크루글란스키Arie Kruglanski는 이를 '인지적 종결 욕구need for cognitive closure'라고 표현했다. 불확실한 상태를 빨리 정리하고 싶은 심리로 이 욕구가 클수록 음모론처럼 단정적인 설명에 더욱 강하게 끌리게 된다.

게다가 음모론은 '반증 불가능성'이라는 특성을 지니고 있다. 과학은 사실을 검증하고 반박하면서 진보한다. 하지만 음모론은 어떤 반론이 제시되더라도 그것 자체를 또 다른 '조작의 증거'로 해석한다. 과학철학자 칼 포퍼Karl Popper는 '반증 가능성'을 과학과 비과학을 구별하는 핵심 기준으로 삼았다. 이 기준에 따르면 음모론은 과학적 설명이 아니라 일종의 종교적 신념 체계에 가깝다고 볼 수 있다.

그뿐만이 아니다. 인간은 숫자와 통계보다 이야기에 더욱 민감하게 반응한다. 음모론은 이러한 이야기 구조narrative를 절묘하게 활용한다. 복잡한 세상을 '악의 세력 vs 선한 피해자', '속이는 자 vs 깨어 있는 자'라는 도식으로 재구성하며, 이분법적 서사를 통해 강한 감정적 몰입을 유도한다. 인지과학자 조너선 하이트Jonathan Haidt의 연구에 따르면 인간은 논리보다 직관과 감정에 따라 판단하는 경향이 강하며, 이처럼 감정이 전제된 상황에서는 논리가 그 감정을 정당화하게 된다. 바로 이 심리적 경로를 활용해 음모론이 설득력을 갖게 된다.

심리학자들의 연구에 따르면 모든 사람이 음모론에 똑같이 취약한 것은 아니다. 음모론에 빠지기 쉬운 몇 가지 심리적 특성이 존재한다. 예를 들어 통제감을 외부로 돌리는 성향, 제도나 권위에 대한 낮은 신뢰, 높은 불안 수준, 강한 권위주의 성향 등이 대표적이다. 특히 자아가 위협을 받거나 사회적 불안을 강하게 느낄 때 이들은 음모론에 더욱 민감하게 반응하게 된다.

이러한 성향은 사회적 조건과도 맞물려 있다. 사회적 고립, 경제적 불안, 불평등한 구조 속에서 살아가는 사람들은 음모론을 통해 현실을 해석하고 자신의 위치를 이해하려는 경향이 강해진다. 사회심리학자 비렌 스와미Viren Swami는 "제도적으로 배제된 이들이 음모론에 더 많이 노출되고, 음모론을 신뢰하는 경향도 강하다"고 밝혔다. 특히 정치적 양극화가 극심한 사회에서는 좌우 모두에서 체제 불신을 바탕으로 음모론이 확산하는 경향도 관찰된다.

인지 편향 역시 음모론을 강화하는 중요한 요소다. 대표적으로 다음과 같은 편향이 작용한다.

- **확증 편향**confirmation bias: 자신이 믿는 정보만 받아들이고, 반대 정보는 무시하거나 왜곡한다.
- **의도성 편향**intentionality bias: 모든 사건에 누군가의 의도가 있다고 믿는다.
- **비례성 편향**proportionality bias: 큰 사건에는 반드시 큰 원인이 있어야 한다고 생각한다.
- **패턴 과잉 인식**patternicity: 무작위 정보 속에서도 인위적인 패턴을 찾아낸다.

인간은 왜 음모론에 빠져드는가

심리적 동기
-인지적 욕구 충족
-존재적 욕구 충족
-사회적 욕구 충족

인지적 특성
-패턴 인식 메커니즘
-직관에 의존
-단순화된 인과 관계

사회적 요인
-정치적 극단주의
-사회적 정체성
-사회적 위협 인식

심리적 이점
-의미와 목적 제공
-자아 보호
-흥미와 즐거움

이러한 편향은 원래 인간의 생존을 돕는 메커니즘이었지만 디지털 환경에서는 오히려 정보 왜곡을 심화하는 요인이 된다. 특히 소셜 미디어는 사용자에게 익숙한 정보만 반복적으로 보여주는 알고리즘을 통해 이 같은 편향을 강화하는 경향이 있다.

불안이 자라는 땅,
불확실성이라는 씨앗

음모론은 갑자기 생겨나는 것이 아니다 사회가 흔들릴 때 사람들 마음속에서 자라난다. 경제가 무너지고, 전염병이 퍼지고, 전쟁의 공포가 가까워질 때 사람들은 두려움을 느낀다. 그 두려움은 분명하고 이해하기 쉬운 설명을 원한다. '왜 이런 일이 생겼을까?'라는 질문에 '그들이 일부러 그런 것'이라는 대답은 복잡한 현실보다 훨씬 납득하기 쉬운 해석이다.

역사를 보면 이 같은 흐름은 반복됐다. 1930년대 대공황 시기 많은 이들이 유대인을 경제 위기의 배후로 지목했다. 1950년대 냉전기 미국에서는 공산주의자들이 정부를 장악했다며 '빨갱이 사냥'이 벌어졌다. 2001년 9·11 테러 이후에는 이슬람과 관련된 음모론이 쏟아졌다. 모두가 충격과 혼란 속에 있을 때는 누군가가 명확한 원인을 말해주기를 원했던 것이다.

사회학자 캐런 더글러스는 이를 '위기에 대한 문화적 반응'이라고 말한다. 사회 전체가 겪는 혼란을 이해하려는 시도. 바로 그런 시도에서 음모론이 시작된다.

경제적 불평등은 음모론을 키우는 또 다른 이유다. 사회가 공정하지 않다고 느껴질 때 사람들은 '누군가의 조작'에서 원인을 찾는다. 시스템이 나를 배제한다고 생각되면 그 시스템 자체에 대한 불신이 생긴다. 불신은 결국 '그들'이 뭔가를 숨기고 있다는 믿음으로 이어진다.

2020년 팬데믹 시기 전 세계적으로 백신 음모론이 폭발적으로 늘어난 것도 이와 관련이 있다. 사람들은 보건 당국보다 유튜브를, 과학자보다 SNS 인플루언서를 더 신뢰했다. 단지 정보가 부족해서가 아니었다. 사람들이 찾은 것은 '논리'보다 '공감'이었다. 그 공감은 때때로 사실과 무관한 이야기 속에서 더 쉽게 느껴졌다.

팬데믹 동안 여러 음모론이 동시에 등장했다.

"5G가 바이러스를 퍼뜨렸다."

"바이러스는 생물무기다."

"백신에는 추적용 칩이 들어 있다."

이 이야기들은 모두 무섭고 복잡한 현실을 이해할 수 있는 서사로 바꾸는 역할을 했다. 비록 사실이 아니어도 '이해가 되는 이야기'였던 것이다.

팬데믹 시기 사람들은 일상의 많은 부분을 잃었다. 밖에 나갈 수 없었고, 마스크를 써야 했고, 누군가를 만나기도 어려웠다. 자유가 제한됐다는 느낌은 자연스럽게 반발심으로 바뀌었다. 반발심은 음모론적 사고를 자극했다. 실제로 심리학 연구에서도 자율성이 위협받을수록 음모론을 더 쉽게 믿게 된다는 결과가 나왔다.

음모론은 하나의 '심리적 방어'다. 내가 뭔가를 알고 있다는 느낌, 남들은 모르지만 나는 진실을 꿰뚫고 있다는 확신이 안정감을 준다. 이것은 통제력을 잃은 상황에서 사람들이 선택할 수 있는 유일한 확신일지도 모른다.

정보가 너무 많고, 누가 맞는지도 알기 어려운 시대일수록 사람들은 더 간단한 이야기에 끌린다. 음모론이 바로 그런 욕구를 충족시켜 준다. 복잡한 설명 대신 명확한 적을, 우연 대신 의도를, 불확실한 미래 대신 숨겨진 진실이라는 구조는 사람들에게 감정적인 안정감을 준다.

특히 SNS는 이 믿음을 더 단단하게 만든다. 나와 같은 생각을 하는 사람들을 쉽게 만날 수 있고, 알고리즘은 그런 사람들의 목소리만 계속 보여준다. 반대 의견은 점점 더 낯설고, 위협적으로 느껴지기도 한다. 이런 구조 속에서 음모론은 더 큰 확신과 함께 퍼져나간다.

이성보다 감정이
먼저 반응할 때

음모론은 정보를 다루는 방식이 아니라 감정을 통해서 작동한다. 다시 말해 사람들은 음모론을 팩트처럼 받아들이는 것이 아니라 감정처럼 느낀다. 음모론을 받아들이는 사람의 마음 안에는 분노, 불안, 외로움, 좌절, 배신감 같은 감정들이 가득하다. 이 감정들은 단순한 의심을 넘어서 '신념'으로 자리 잡게 만든다. 그래서 쉽게 사라지지 않는다. 이성적인 반박이 통하지 않는 이유도 바로 여기에 있다.

심리학자들은 음모론을 믿는 사람들이 정보가 아니라 감정에 반응하는 현상을 오래전부터 관찰해왔다. 특히 분노는 매우 중요한 역할을 한다. 복잡한 문제를 해결할 수 없을 때 사람들은 누군가를 '책임자'로 지목하고 싶어 한다. 그게 정부일 수도 있고, 언론일 수도 있으며, 특정 기업이나 집단일 수도 있다. 음모론은 이 분노의 방향을 정해주고, 감정을 해소할 수 있는 해답을 제시한다.

심리학자 조너선 하이트는 '코끼리와 기수'라는 은유를 통해 사람들이 먼저 감정적으로 판단하고, 그다음에 이성적으로 이유를 붙이는 경향이 있다고 설명한다. 이 은유에서 코끼리는 무의식적 충동과 본능, 그리고 감정의 힘을 상징한다. 반면 기수는 이성적 사고와 논리적 추론을 대표한다. 코끼리는 덩치가 크고 힘이 세다. 한 번 방향을 잡으면 쉽게 바꾸기 어렵다. 기수는 고삐를 쥐고 있으나 실제로 코끼리를 온전히 통제하지 못한다. 인간의 선택 과정은 대체로 코끼리가 먼저 움직이고, 기수가 그 뒤를 따라가며 정당화를 덧붙이는 방식으로 이뤄진다. 사람들은 흔히 스스로 이성적으로 결정을 내렸다고 믿지만, 실제로는 감정이 먼저 결정을 내리고 이성이 사후에 설명을 덧붙인다는 의미다.

이러한 구조는 사회와 정치 현상을 이해하는 데도 중요한 통찰을 제공한다. 가짜 뉴스가 쉽게 확산되고 음모론이 강한 설득력을 가지는 이유도 바로 여기에 있다. 사실 검증은 이성의 언어이지만, 사람들의 신념은 감정과 직관의 세계에서 굳어진다. 논리적 설명만으로는 이미 움직인 코끼리를 되돌릴 수 없다.

음모론은 이 틈을 파고든다. 도덕적 분노를 자극하고, 그 분노에 논리를 덧붙여 그럴듯하게 포장한다.

그렇기 때문에 음모론을 반박하기 위해 아무리 많은 근거를 가져와도 소용이 없다. "그건 사실이 아니야"라는 말은 감정을 해소해주지 못한다. 정보를 고쳐주는 것이 아니라 그 사람이 느끼는 감정을 먼저 이해하고 받아들여야 비로소 대화가 시작된다.

거듭 강조하지만 음모론은 단지 '잘못된 믿음'이 아니다. 불안한 사회와 복잡한 현실을 견디기 위한 사람들의 '심리적 도구'다.

따라서 효과적 대응을 위해서는 감정의 층위를 먼저 살펴야 한다. $심리학자들은 '가치 긍정value affirmation'이라는 전략을 제안한다. 이는 사람들에게 자신의 신념이나 가치를 확인하고 긍정할 기회를 주면, 반대 정보에 대해 더 개방적으로 된다는 이론이다. "당신이 진실을 중요하게 여긴다는 걸 안다"라고 말하는 것이 "그건 가짜 뉴스야"라고 말하는 것보다 훨씬 효과적일 수 있다는 의미다. 또 음모론이 주는 감정적 위안을 대신할 수 있는 대안적 서사도 필요하다. 단순히 "그건 틀렸어"라고 말하는 대신 "복잡한 현실을 이해하는 다른 방식도 있다"고 제시해야 한다. 그 서사는 불확실성을 인정하되 절망으로 끌고 가지 않는 균형감을 가져야 한다. 과학, 언론, 교육이 함께 풀어가야 할 과제다.

나는 음모론을 믿는다,
고로 존재한다

"그들이 모든 걸 조종하고 있다."

음모론자들이 흔히 하는 말이다. 여기서 '그들'은 누구일까? 이름은 시대마다 달라진다. 정부, 언론, 다국적 기업, 유대인, 공산주의자, 프리메이슨, 딥스테이트Deep State.

이름이 달라져도 그들이 하는 일은 같다. 음모론 속에서 '그들'은 늘 세상을 뒤에서 조종하는 존재다. 반면 '우리'는 항상 진실에서 외면당한 피해자다. 아무도 우리의 목소리를 들어주지 않고, 거대한 세력이 모든 걸 숨기고 있다는 믿음이 깔려 있다. 그렇게 '그들'과 '우리'라는 구도가 만들어진다. 이 구도는 단순한 설명을 넘어서 사람들의 정체성까지 바꾸기 시작한다.

심리학자들은 이런 현상을 '내집단 편향'과 '외집단 동질화'라는 말로 설명한다. 내집단 편향이란 내가 속한 집단은 선하고 옳다고 믿는 경향이다. 반면 외집단 동질화는 '그들'은 전부 똑같고, 악의적이며, 믿을 수 없다고 여기는 심리다. 음모론은 이 두 가지 감정을 자극한다.

예를 들어 백신 음모론을 믿는 사람은 정부나 제약회사, 언론, 과학자들을 전부 하나로 묶어 '그들'이라 부른다. 그리고 자신과 함께 의심하는 사람들은 '우리'가 된다.

음모론을 믿는 사람들은 종종 이렇게 말한다.

"우리는 깨어 있는 사람들이다."

음모론을 믿는 사람들은 스스로 특별하다고 여긴다. 자신만이 진실을 알고 있고 세상의 거짓과 싸우고 있다고 믿는 것이다. 이런 인식은 단순한 믿음을 넘어 '사명감'으로 확장된다. 이들은 자신이 '진실의 수호자'라고 생각한다. 다른 사람들이 보지 못하는 것을 보고, 알지 못하는 것을 아는 사람이라고 느끼는 것이다. 자신은 '깨어 있는 사람'이며 지적·도덕적으로 우월한 위치에 있다고 생각한다. 반대로 대중을 '잠든 사람들', '속고 있는 다수'로 여긴다.

이런 사고방식은 '엘리트주의적 자부심'과 '피해자 의식'을 동시에 부여한다.

"나는 진실을 알지만 세상은 그것을 인정하지 않아"라는 이중 감정이 음모론적 믿음을 더욱 강하게 만든다. 믿음은 개인의 자아를 지탱하는 기둥이 되고, 세상을 해석하는 도구가 된다. 그 믿음을 반박하는 사람은 단순히 생각이 다른 이가 아니라 '그들 편'이 된다. 반대 의견은 '정보'가 아니라 '적대'로 받아들여지는 것이다.

한 사람이 음모론을 믿기 시작하면 그 믿음은 단순한 정보가 아니며 '나는 누구인가?'라는 질문에 대한 대답이 된다. 그 믿음을 바꾸는 건 단순히 의견을 바꾸는 게 아니다. 내가 속한 세계, 내가 가진 자존감, 내가 공유하는 언어, 그 모든 걸 바꾸는 일이다. 그래서 반박은 때때로 위협처럼 느껴진다. "그건 사실이 아니야"라는 말은 단순히 "너는 틀렸어"가 아니라 "너는 깨어 있는 사람들에 속할 자격이 없어"처럼 들릴 수 있다. 그래서 오히려 방어 심리가 강해진다.

그렇다면 어떻게 접근해야 할까? 싸움이 아니라 '대화'가 필요하다. 우리가 해야 할 일은 먼저 "당신은 왜 그 믿음을 가지게 되었나요?"라고 묻는 것이다. 그리고 그 사람의 이야기를 듣고, 그가 어디서 불안을 느꼈는지, 무엇이 그를 외롭게 만들었는지를 이해하려는 것이다. 진실은 단지 팩트만으로는 설득되지 않는다.

그 사람이 누구인지, 왜 그런 이야기를 믿고 싶은지를 함께 알아야 진짜 설득이 가능하다.

사실이 틀려도
믿음이 남는 이유

"백신은 위험하다", "선거는 조작됐다", "지구는 평평하다".

혹시 주변에 이런 사람들이 있지 않은가? 아무리 증거를 보여줘도 믿음은 좀처럼 바뀌지 않는다. 오히려 더 강해지는 경우도 있다. 단순히 고집이 센 걸까? 아니다. 사람의 마음이 작동하는 방식과 깊은 관련이 있다.

네덜란드의 생태학자 마틴 셰퍼Marten Scheffer 교수와 연구진은 2022년에 발표한 논문(「신념의 덫: 유해한 믿음의 관성을 다루기Belief traps: Tackling the inertia of harmful beliefs」)에서 이 문제를 집중적으로 다뤘다. 논문은 사람들이 왜 틀린 정보를 계속 고수하고서 믿음을 바꾸지 못하는지 다양한 시각에서 살펴봤다.

단순히 '설득이 부족해서'가 아니다. 뇌의 구조, 감정, 사회 환경까지 모두 얽혀 있는 복잡한 문제라는 것이 연구진의 설명이다.

연구진은 이 현상을 '신념의 관성'이라고 설명한다. 관성은 어떤 물체가 움직이던 방향대로 계속 가려는 성질을 의미한다. 믿음도 마찬가지다. 한 번 굳어진 생각은 쉽게 방향을 바꾸지 않는다. 왜 이런 일이 일어날까?

연구진은 세 가지 원인을 제시했다.

첫째는 확증 편향이다. 사람은 자신이 믿고 싶은 것만 보고, 듣고, 받아들이려는 경향이 있다. 예를 들어 백신을 불신하는 사람은 "백신이 안전하다"는 수많은 연구보다 "누가 맞고 나서 아팠다고 하더라" 같은 댓글에 더 마음이 끌린다. 단순한 착각이 아니라 뇌가 그렇게 작동하기 때문이다.

둘째는 '반향실(에코 챔버Echo Chamber)'이다. 마치 울림통처럼 비슷한 생각을 가진 사람들끼리만 정보를 주고받게 되는 환경을 말한다. 소셜미디어에서 흔히 볼 수 있다. 이런 환경에서는 반대 의견이 아예 보이지 않거나, 일부 보여도 무시당한다. 그래서 원래 믿던 생각이 더 굳어지게 된다.

셋째는 뇌의 특성이다. 사람의 뇌는 어떤 결정을 한 번 내리면 그걸 유지하려는 성향이 있다. 뇌 안에서는 수많은 신경세포가 정보를 처리하는데 결정이 내려지고 나면 이 활동이 안정된 상태로 굳어져버린다. 특히 스트레스를 받으면 이런 경향은 더 강해진다. 세상을 "맞다/틀리다" 식으로, 흑백논리로 나누게 되는 것이다.

한 번 고착된 믿음을 바꾸려면 어떻게 해야 할까?

연구진은 몇 가지 해법을 제시했다. 먼저, 조금씩 여러 번 보여주는 것이다. 한 번에 설득하려고 하지 말고 다양한 방식으로 정보를 반복해서 노출하는 게 더 효과적이다.

또 하나 중요한 것은 정보를 전달하는 방식이다. 숫자나 통계도 필요하지만 사람들이 공감할 수 있는 이야기나 감정이 담긴 사례가 훨씬 더 설득력 있다는 걸 연구는 보여준다. 예를 들어 백신이 안전하다는 정보를 그래프로 보여주는 것보다 "내 친구도 맞았고 아무 문제 없었어" 같은 경험담이 마음에 더 닿을 수 있다.

사회적인 환경도 바뀌어야 한다. '내가 좋아할 만한 정보만' 계속 보여주는 알고리즘 구조를 바꾸고, 다양한 시각을 접할 수 있도록 해야 한다. 정책적으로는 소득 향상이나 교육 기회 확대처럼 사람들이 불안에 시달리지 않도록 돕는 것도 중요하다. 스트레스가 클수록 사람은 더 단순하고 극단적인 생각에 빠지기 쉽기 때문이다.

하지만 모든 방법에는 한계가 있다. 정보를 보여줘도 아예 보지 않거나 "믿을 수 없는 출처야"라고 생각해버리면 효과가 없다. 또 '이 믿음은 유해하다'고 판단하는 기준 자체가 너무 주관적이면 자칫 표현의 자유를 억누르는 일이 될 수도 있다. 그래서 연구진은 "믿음을 바꾸려는 시도는 항상 윤리적이어야 한다"고 강조한다.

무척 흥미로운 점은 연구진이 신념을 물리학의 '히스테리시스Hysteresis'라는 개념으로 설명한 것이다. 이는 쇠에 자석을 오래 갖다 대면 자석을 떼고 난 뒤에도 쇠에 자성이 남는 것처럼 외부의 효과가 흔적을 남기는 현상을 뜻한다. 마치 고무줄을 오래 잡아당겼다가 놓으면 원래대로 잘 돌아가지 않듯이 오랜 기간 형성된 믿음은 잘 바뀌지 않는다. 연구에 따르면 평균적으로 40회 정도의 반증 정보 노출이 있어야 신념이 바뀌기 시작한다고 한다. 그리고 그 정보를 누가 말하느냐에 따라 효과는 배 이상 차이가 났다. 자기가 신뢰하는 사람의 말은 더 잘 들린다는 의미다.

결국 이 모든 연구 결과는 음모른을 비롯한 사람의 믿음이 단순한 논리나 지식의 문제가 아니라 뇌의 구조, 감정, 스트레스, 사회 구조가 모두 얽혀 있는 문제임을 다시 한번 보여준다.

음모론의 유혹에서
벗어난 사람들의 비결

앞서 우리는 '진실'보다 '믿고 싶은 이야기'에 더욱 끌리는 이유에 대해 살펴보았다. 많은 사람들이 이런 음모론의 유혹에 쉽게 빠져든다. 그렇다면 음모론을 잘 믿는 사람은 따로 있을까? 그렇지 않다. 전문가들은 "우리 모두가 음모론이라는 블랙홀에 빠질 수 있다"고 말한다. 누구나 불확실한 상황에 놓이거나 외로움을 느낄 때, 혹은 자신이 통제할 수 없다는 느낌이 들 때 음모론에 끌릴 수 있다.

그런데 어떤 사람들은 음모론에 쉽게 휘둘리지 않는다. 이유는 무엇이고 그들은 어떤 특성을 지니고 있을까.

첫째, 사고방식이 다르다. 노팅엄 트렌트 대학교의 심리학자 대럴 쿡슨Darrel Cookson은 "지능보다는 인지 방식이 중요하다"고 강조한다. 단순히 똑똑한 사람이 음모론에 강한 것은 아니다. 중요한 건 정보를 어떻게 처리하느냐다. 빠르고 직관적인 판단에 의존하기보다는 시간과 에너지를 들여 복잡한 문제를 분석하려는 태도가 필요하다. 실제 연구에 따르면 '깊은 사고를 즐기는' 특성을 가진 사람들은 음모론을 믿을 확률이 훨씬 낮았다.

둘째, 인지적 오류에 대한 자각이다. 심리학자 해리 레이스Harry Reis는 인간의 뇌가 만들어내는 인지 편향이 음모론 수용에 큰 영향을 준다고 설명한다. 대표적으로 '확증 편향'은 기존 신념에 부합하는 정보만 받아들이게 만들고, '패턴 인식 과잉'은 우연한 사건들 사이에 의미를 부여한다. 또한 '비례 편향'은 큰 사건에는 반드시 큰 원인이 있어야 한다는 착각을 심어준다. 복잡하고 혼란스러운 현실을 단순한 이야기로 정리하고 싶은 욕구는 인간이라면 누구나 느끼는 충동이다. 뇌의 이런 오류 가능성을 인식하는 이들은 음모론에 대한 면역력이 강하다.

셋째, 불확실성에 대한 태도다. 세상은 모르는 일로 가득하다. 하지만 음모론에 빠지지 않는 사람들은 이를 잘 인정한다. "잘 모르겠다"라는 말을 하는 걸 두려워하지 않는다. 단순하고 자극적인 설명보다, 복잡하지만 더 설득력 있는 현실을 받아들일 줄 안다.

넷째, 사회적 연결망이다. 음모론은 종종 "우리만 진실을 안다"는 공동체 감각을 제공한다. 외롭고 고립된 사람일수록 그 유혹에 취약하다. 반면 가족, 친구, 동료와 건강한 관계를 유지하는 사람은 굳이 음모론 공동체에 기대지 않아도 된다. 연구에 따르면 사회적 배제감이 클수록 허위정보나 음모론에 더 쉽게 노출된다.

다섯째, 자율성과 주체성이다. 삶의 결정권이 자기 자신에게 있다고 믿는 사람은 외부 조종론에 덜 흔들린다. 로체스터 대학교의 리처드 라이언Richard Ryan과 에드워드 데시Edward Deci가 제시한 '자기결정 이론Self-Determination Theory'은 자율성, 유능감, 관계성이 인간의 심리적 건강에 핵심 요소라고 본다. 이 세 요소가 충족될수록 사람은 외부 음모에 의존하지 않고 자신만의 관점을 지킬 수 있다.

음모론이 어떻게 퍼지는지를 아는 것도 중요하다. 로체스터 대학교 정치학과의 스콧 타이슨Scott Tyson 교수는 이를 세 가지 요소로 설명한다. 첫째, 내용이 지속적으로 수정·확장되는 음모 콘텐츠. 둘째, 이를 퍼뜨리는 음모 기업가. 셋째, 이를 믿을 준비가 된 청중이다. 이 세 요소가 맞물릴 때, 음모론은 하나의 생태계로 작동한다.

그렇다면 어떻게 해야 할까?

타이슨 교수는 말한다. "음모론을 믿는 사람과 믿지 않는 사람으로 나누는 건 무의미하다. 우리 모두는 음모론에 취약하다."

따라서 중요한 것은 판단이 아니라 이해다. 단순히 "틀렸다"고 말하기보다는 "왜 그 이야기를 믿고 싶은가?"라고 묻는 것이 더 강력한 해법이다. 음모론은 진실의 문제가 아니라 때로는 정체성과 감정, 공동체의 문제다. 따라서 그 해결책도 정보만으로는 부족하다. 더 나은 연결, 더 건강한 관계, 더 깊은 공감이 필요하다. 완벽한 면역은 없다. 하지만 우리는 누구나 더 강해질 수 있다.

3

거짓은 진실보다 빠르게 퍼진다

3

거짓은 진실보다 빠르게 퍼진다

진실보다 더
믿음직한 거짓

거짓은 어떻게 진실이 되는가? 저널리스트이자 역사 작가인 필 틴라인Phil Tinline은 『아이언 마운틴의 유령Ghosts of Iron Mountain』이라는 책에서 허구의 보고서가 어떻게 현실 정치의 기반이 되었는지를 탐구했다. 책의 내용은 음모론이 진실로 받아들여지게 되는 과정을 잘 보여준다.

"정부는 전쟁을 멈추면 경제가 두너진다고 믿는다."

혹시 이런 주장을 들어본 적 있는가? 뜬금없는 음모론처럼 들릴지 모르지만 그 주장의 뿌리는 깊고 오래됐다. 1967년 미국에서 처음 공개된 「아이언 마운틴 보고서Report from Iron Mountain」는 바로 그런 생각을 가장 정교하게 포장해낸 허구의 문서였다. 보고서는 정부 고위 관계자들이 모여 '전쟁 없는 세상'을 가정하며 평화가 국가에 가져올 위협을 분석하는 내용처럼 보였다. 실제로는 좌파 작가들이 베트남 전쟁을 비판하려고 만든 가짜 보고서였지만 너무도 진짜 같았기 때문에 많은 이들이 믿었다. 더군다나 그 믿음은 지금까지 이어지고 있다.

1960년대 말 미국은 베트남 전쟁으로 인해 국론이 분열되고 있었다. 전쟁을 둘러싼 정부의 설명은 신뢰를 잃고 시민들 분노는 커져만 갔다. 바로 그 시기에 등장한 「아이언 마운틴 보고서」는 마치 내부 고발 문건처럼 보였다. 보고서에는 "전쟁은 단순한 갈등이 아니라 경제와 사회 질서를 유지하는 '시스템'이다", "평화가 오면 실업과 혼란이 발생한다", "따라서 전쟁을 대신할 수 있는 대안 장치를 준비해야 한다"는 내용이 담겼다.

그 대안으로 보고서는 '국가가 통제하는 우생학적 출산 시스템', '노예제 부활', '외계인 위협을 조작해 대중을 통제하는 시뮬레이션' 등의 충격적 내용을 나열했다.

이 모든 것은 국가가 전쟁을 멈추려 하지 않는다는 결론을 끌어내기 위한 풍자였다. 하지만 이 가짜 보고서를 읽은 사람들은 그렇게 반응하지 않았다. 오히려 진실보다도 더 그럴듯한 이야기로 받아들였다.

『아이언 마운틴의 유령』에서 틴라인은 이렇게 묻는다.

"왜 사람들은 이런 이야기를 믿고 싶어 할까?"

그의 대답은 간단하다.

"현대 사회는 너무 복잡하다. 시민들은 복잡한 구조를 이해하는 대신 간단한 설명을 찾는다. 음모론은 바로 그 욕구에 정확히 부합하는 이야기 구조를 제공한다."

「아이언 마운틴 보고서」는 출간 직후에도 논란이 컸지만 시간이 흐를수록 새로운 해석의 장이 열린다. 1990년대 미국의 극우 민병대 운동은 이 문서를 '정부의 음모'를 보여주는 증거라고 믿었다. 유튜브 채널과 소셜미디어에서도 여전히 이 보고서는 인용된다. '정부가 평화를 원하지 않는다', '전쟁은 통제 수단이다', '시민은 실험 대상일 뿐이다' 같은 주장들은 바로 이 보고서에서 '근거'를 얻었다.

틴라인은 이를 두고 "이 보고서는 사실이 아님에도 불구하고 사실보다 더 진실처럼 여겨졌다"고 말했다. 더 무서운 건 보고서를 만든 작가들이 나중에 '이건 풍자였다'고 밝혔을 때 사람들은 "그마저도 은폐 전략"이라고 주장했다는 점이다. 허구가 진실마저 덮어버리는 힘을 갖게 된 것이다.

틴라인은 책에서 또 하나의 중요한 질문을 던진다.

"언론은 사실만을 말해야 할까? 아니면 사람들이 '느끼는 진실'도 이해해야 할까?"

그는 사람들은 객관적 사실보다도 자신이 느끼기에 그럴싸한 이야기에 더 쉽게 끌린다고 이야기한다. 지금 우리가 살아가는 유튜브, 틱톡, 인스타그램 세상은 바로 그런 감정 중심의 이야기들이 지배하고 있다. 그래서 그는 이렇게 제안했다.

- 사람들의 감정, 세계관을 무시하지 말자.
- 그 감정에 공감하되, 반드시 검증하자.
- 허구가 가진 공감의 힘과, 진실이 가진 무게를 동시에 품을 수 있는 이야기를 만들자.

『아이언 마운틴의 유령』은 단순한 역사책이 아니다. 우리 사회가 어떻게 진실을 잃어버리고 있는지를 보여주는 경고문이다. "픽션은 진실을 조명할 수 있다. 하지만 픽션이 곧 진실이 되는 순간 민주주의는 흔들린다"라고 틴라인은 말한다.

그의 말처럼 지금 우리는 허구가 감정을 먹고 자라 진실이 되고 사회를 위협하는 시대를 살고 있다. 유튜브 알고리즘, 추천 시스템, 필터 버블은 이를 부추기는 강력한 도구로 기능한다.

디지털 시대,
클릭으로 전염되는 음모론

한 번 클릭한 영상은 또 다른 영상으로 이어진다. 그다음은 더 자극적인 제목과 편집, 더 극단적인 주장을 담고 있다. 처음엔 그저 호기심이었다. 시간이 지나면서 '혹시 정말일까?' 하는 생각이 고개를 들기 시작하더니 어느 순간 믿음이 된다. 바로 여기가 음모론이 자라나는 새로운 토양이다.

디지털 기술의 발달은 우리의 일상과 소통 방식, 그리고 진실을 믿는 방식까지 바꾸어놓았다. 과거에는 음모론이 주변적인 소문이나 소수의 믿음으로 머물렀다면, 이제는 전 세계 수억 명의 사람들에게 '대안적 사실'로 유통되며 실질적 영향력을 행사하고 있다.

디지털 공간이 갖는 특유의 확산 메커니즘 때문이다. 음모론이 디지털 공간에서 잘 퍼지는 이유를 알아보자.

우리는 연결되어 있다

과거 같으면 만나기 힘들었을 사람들이 이제는 SNS와 온라인 커뮤니티에서 한순간에 연결된다. 음모론을 믿는 누군가가 유튜브 댓글에 남긴 짧은 문장, 혹은 텔레그램 채널에서 본 게시글 하나가 '증거'처럼 여겨진다. 그렇게 형성된 커뮤니티는 단순한 소통의 공간을 넘어서 서로의 믿음을 확인하고 강화하는 폐쇄적 세계가 된다. 이런 현상이 앞에서도 설명한 반향실이다. 서로 비슷한 생각을 가진 사람들끼리 같은 정보만 주고받는 구조로 이 안에서는 비판이나 반론이 작동하기 어렵다. 더욱이 포털과 SNS 알고리즘은 사용자가 좋아할 만한 콘텐츠만 보여주는 '필터 버블'을 만들어낸다. 다른 의견은 점점 보이지 않게 되고, 자신이 보고 싶은 이야기만 반복해서 접하게 되는 것이다.

자극적인 것이 이긴다

자신의 피드에 무엇이 자주 뜨는지 차분하게 생각해보자.

혹시 자극적으로 감정을 건드리는 콘텐츠는 아닌가. 가령 "이것이 진실입니다!" "정부가 숨기고 있는 것!" "충격적인 사실"이라는 식의 제목이 붙은 영상들 말이다.

유튜브, 페이스북, 틱톡, 인스타그램 등 대부분의 플랫폼은 클릭, 좋아요, 댓글, 공유 수를 기반으로 콘텐츠 노출을 결정한다. 그런데 사람의 감정을 자극하는 내용일수록 반응이 크기 마련이다. 분노, 공포, 놀라움은 우리의 뇌를 빠르게 사로잡고, 클릭을 유도한다.

"세상에서 단 두 가지 제품만이 사용자user라는 말을 씁니다. 하나는 마약이고, 다른 하나는 소프트웨어입니다."

넷플릭스 다큐멘터리 〈더 소셜 딜레마The Social Dilemma〉는 이 한 마디로 시작해 디지털 환경에서 자극적인 콘텐츠가 더 잘 퍼져 나가는 이유를 잘 설명해준다.

핵심은 간단하다. 우리는 SNS를 '무료'로 사용하지만 사실은 우리 자신이 그 플랫폼의 상품이라는 것이다. 페이스북이나 유튜브의 수익은 사용자가 아닌 광고주에게서 나온다. 광고주는 더 많은 클릭, 더 오랜 체류 시간을 원하고, 플랫폼은 이를 위해 알고리즘을 활용해 사용자의 행동을 유도한다. 그 결과 이용자는 자극적인 콘텐츠에 노출되고 점점 더 비슷한 정보에 갇힌다.

〈더 소셜 딜레마〉는 이를 "주의attention를 사고파는 경제"라고 설명한다. 이 구조는 사용자의 심리적 보상을 자극하는 방향으로 설계되어 있다. 알림, 무한 스크롤, '좋아요' 시스템은 뇌의 도파민 분비를 유도하고 결과적으로 중독을 유발한다. 특히 청소년의 자존감, 집중력, 정신 건강에 치명적인 영향을 미친다는 우려가 제기된다.

개인의 문제를 넘어 이 시스템은 사회 전체에 파괴적 영향을 미친다. 음모론은 이런 감정 자극에 아주 탁월한 콘텐츠며, 그래서 건조한 사실보다 더 빠르게 퍼진다. 이를 통해 단순한 궁금증으로 검색을 시작했던 사용자가 몇 시간 뒤에는 "세계 정부의 인구 감축 계획"을 의심하기까지 나아간다. 사람들은 정치적 성향에 따라 완전히 다른 세계를 보게 되고, 그 결과 사회는 양극화된다.

정보가 넘쳐날 때 우리는 누굴 믿을까?

현대는 '정보의 시대'다. 하지만 그 정보가 너무 많아졌다. 매일 수백 개의 뉴스 알림, 수천 개의 게시글, 끝없이 이어지는 피드를 접한다. 그 안에서 모든 내용을 비판적으로 검토하기는 전문가들조차도 쉽지 않다. 그래서 사람들은 본능적으로 자신이 이미 믿고 싶은 정보만 선택적으로 받아들이는 경향을 보인다. 앞에서 여러 차례 언급했던 '확증 편향'이다.

더 심각한 문제는 '누구를 믿을 수 있는가'에 대한 감각이 무너지고 있다는 점이다. 전통 언론, 학계, 정부 같은 기존의 권위 기관에 대한 신뢰가 전 세계적으로 흔들리고 있다. 이 틈을 타 유튜브 크리에이터, SNS 인플루언서, 익명의 블로거 들이 새로운 '진실의 화자'가 된다. 이들이 전달하는 정보는 검증되지 않았음에도 '기성 언론이 말하지 않는 진실'이라는 이유로 더 큰 신뢰를 받기도 한다. 이처럼 누구나 정보의 생산자이자 유통자가 된 세상에서는 진실이 더 이상 '객관적 사실'이 아니라 감정과 연결, 반복으로 형성되는 '믿음'의 문제가 되기 십상이다.

디지털 시대의 음모론 확산은 단순히 '전파력이 좋아졌다'는 문제가 아니다. 그것은 기술 구조, 사회 심리, 정치적 환경이 얽힌 복합적 시스템이다. 알고리즘은 감정 자극 콘텐츠를 확산시키고, 반향실은 비판을 차단하며, 정보 과잉과 사회적 신뢰 붕괴는 개인을 확신에 빠지게 만든다. 이 구조 안에서 음모론은 하나의 믿음 체계가 되며, 인터넷이라는 '새로운 공론장'에서 힘을 갖기 시작한다.

한 기업을 무너뜨린
온라인 헛소문

2020년 7월 미국 가구업체 웨이페어Wayfair가 겪은 일은 음모론의 확산 메커니즘과 그에 따른 폐해를 적나라하게 보여준다. 사건의 발단은 단순했다.

한 인터넷 사용자가 웨이페어 웹사이트에서 비정상적으로 높은 가격의 캐비닛들을 발견했고, 제품에 붙은 여성 이름들이 실종 아동 명단과 일치한다고 주장했다.

그러면서 "고가 캐비닛을 통해 아동 인신매매를 하고 있다"라는 충격적 주장이 인터넷에 퍼지기 시작했다. 의혹은 사회 엘리트들이 비밀리에 아동 성착취 조직을 운영한다고 믿는 큐어넌QAnon 커뮤니티에서 빠르게 확산됐다. 이들은 웨이페어의 고가 가구 이름과 실종 아동 데이터베이스를 연결하며 그럴듯한 '증거'를 만들어냈다. 하지만 해당 인물들 중 일부는 실종 상태가 아니었고, 한 여성은 페이스북 라이브를 통해 자신이 실종된 적이 없다고 직접 해명하기도 했다.

웨이페어 측도 즉시 해명에 나섰다. 고가 제품들은 산업용 특수

가구였으며, 제품명은 알고리즘이 자동으로 생성한 것이라고 설명했다. 일부 가격 오류도 인정하고 곧바로 수정했다.

하지만 음모론자들은 새로운 '증거'를 제시했다. 러시아 검색엔진 얀덱스Yandex에 웨이페어 제품의 품목 번호를 입력하면 젊은 여성들의 사진이 나온다는 것이었다. 《뉴스위크》의 검증 결과 이는 얀덱스 알고리즘의 오류였다. 임의의 숫자 조합을 입력해도 비슷한 결과가 나왔기 때문이다. 얀덱스 역시 문제를 인지하고 알고리즘을 수정했다.

그런데도 이 음모론은 미국을 넘어 전 세계로 확산됐다. 분석에 따르면 인스타그램에서 '#wayfair' 관련 콘텐츠는 440만 건 이상의 반응을 얻었고, 페이스북에서는 1만 2000개가 넘는 게시물이 생성됐다. 아르헨티나의 한 유튜버는 관련 영상으로 이틀 만에 9만 조회 수를 기록했고, 터키에서는 미국 다음으로 관련 콘텐츠가 많이 생성됐다.

처음 웨이페어 가구에 제기된 의혹은 근거도 없는 허무맹랑한 것이었다. 하지만 "비싼 가구에는 뭔가 숨겨져 있을 것"이라는 서사는 단순하면서도 강력한 호소력을 발휘해서, 기존의 음모론자들이 계속해 살을 붙였다. 여기에 소셜미디어 알고리즘이 자극적인 콘텐츠를 우선적으로 노출시키면서 허위정보 확산이 가속화된다. 확증 편향과 과도한 패턴 인식 같은 인간의 인지적 특성도 음모론을 믿게 만드는 요인이 된다.

가장 큰 피해를 본 사람들은 아무런 관련이 없는 무고한 사람들이었다. 이름이 언급된 여성들은 사이버 괴롭힘과 스트레스에 시달렸고, 웨이페어 고객센터에는 항의 전화가 쇄도했다. 직원들은 위협 메시지를 받았고, 회사 브랜드 이미지도 심각한 타격을 입었다.

웨이페어 음모론은 디지털 시대 허위정보의 생성, 확산, 실제 피해까지의 전 과정을 대표적으로 보여준다.

극우 유튜브의 세계
: 그 안에선 어떤 일이?

외국 사례만 있는 것이 아니다. 12·3 계엄사태 이후 음모론이 퍼져나가는 양상도 음모론이 확산되는 메커니즘을 잘 보여준다.

연세대학교 김종우 연구교수는 '비상계엄 사태' 직후 극우 유튜브 채널에서 어떤 담론이 어떻게 퍼졌는지를 4만 8000개가 넘는 댓글과 483개 영상 데이터를 통해 살펴보았다.

연구팀은 먼저 유튜브에서 조회 수가 높은 극우 성향 채널 10개를 선정했다. 성창경TV, 배승희 변호사, 고성국TV 등의 채널이 포함됐다.

이런 영상 밑 댓글은 어떤 내용을 담고 있었을까. 연구팀은 댓글에서 등장하는 단어와 표현을 자동으로 분류하고 주제를 추출했다. 그 결과 몇 가지 유형의 이야기들이 반복되고 있다는 점을 발견했다.

첫째, 반중·반공 담론이다. 댓글 속엔 '중국 공산당', '북한 간첩', '좌파는 반역자' 같은 표현이 수없이 등장했다.

둘째는 음모론적 서사다. 예를 들면 "대선은 조작됐다", "헌법재판소도 이미 장악됐다” 같은 이야기다.

셋째는 ‘애국’과 ‘자유’ 같은 단어의 반복이다. 그런데 이 단어들이 언제나 같은 뜻으로 쓰이지는 않았다. 어떤 땐 스스로를 지칭하며 “진짜 국민은 우리”라고 하고, 또 어떤 땐 “자유를 지키기 위해 싸우자”고 외치기도 했다. 이런 단어를 ‘빈 기표’라고 부르곤 한다. 말은 비어 있지만, 누구나 자신의 뜻대로 채워 쓰기 좋은 그런 말들이다.

넷째는 집단적 결집이다. “화이팅!”, “다 같이 나가자!”, “○○○○TV 믿고 간다!” 같은 표현이 여기에 해당된다.

이런 담론이 왜 이렇게 퍼졌는지 이해하려면 한국의 ‘극우 포퓰리즘’이 가진 독특한 성격을 알아야 한다. 보통 서구에서는 극우가 반이민이나 반다문화 정서를 중심으로 퍼지지만, 한국에서는 냉전 시기의 ‘반공주의’가 그 뿌리에 있다. 북한이나 중국 공산당에 대한 깊은 적대감이 극우 음모론이 확산하는 데 영향을 주었다.

주목할 점이 하나 더 있다. 서구의 극우 담론은 보통 “지식인은 믿을 수 없다”며 ‘반지성주의’로 나아간다. 하지만 한국에서는 변호사, 판사, 정치인 같은 엘리트들이 극우 담론을 이끈다는 점이다. 말하자면 ‘엘리트 중심 극우’인 셈이다. 이 모든 담론이 오프라인에서가 아니라 유튜브라는 디지털 공간 안에서 만들어지고 퍼지고 있다는 점도 중요한 대목이다.

연구팀은 이 유튜브 채널들을 중심으로 사용자들이 어떻게 연결되어 있는지를 분석했다. 놀랍게도 이들 채널은 거의 같은 이용자들로 겹쳐 있었다. 마치 ‘온라인 애국 커뮤니티’처럼 하나의 닫힌 공간이 만들어진 것이다. 그 공간은 같은 생각을 가진 사람끼리만 소통하면서 외부 목소리는 점점 차단되는 '반향실'이 되었다.

유튜브 알고리즘도 이 구조를 강화한다. 한 번 특정 채널을 보면 비슷한 성향의 콘텐츠만 계속 추천된다. 그러면 이용자는 '나와 같은 생각을 가진 사람들이 다수'라는 생각으로 자신의 의혹을 확신하게 된다. 이런 확신과 '나는 혼자가 아니다'라는 자신감을 근거로 스스로 댓글도 달고 직접 시위에 나가는 행동도 한다. 음모론이 사회적 갈등과 충돌을 일으키는 전형적인 모습이다.

이런 양상은 비상계엄 사태로 국한되지 않는다. 젠더 갈등, 세대 갈등, 정치적 불신처럼 누적된 감정들이 유튜브라는 공간에서 하나의 이야기로 묶여버리는 것이 지금 우리가 마주한 현실이다.

알고리즘의 손
: 누가 어떻게 음모론을 키우는가

현재 음모론은 종이 전단이나 낡은 책자 속에 갇혀 있지 않다. 유튜브, 페이스북, 텔레그램 같은 디지털 플랫폼이 음모론을 실시간으로 전파하는 주요 매체다. 최근의 조사는 특히 이러한 흐름을 잘 보여준다. 2023년 한국언론진흥재단의 조사에 따르면 한국인의 53%가 유튜브를 주요 뉴스 채널로 사용하고 있다. 전통 언론의 영향력이 줄면서 뉴스의 기능을 유튜브가 대체하고 있는 셈이다. 하지만 유튜브는 검증된 정보보다 자극적인 정보, 합리적인 주장보다 충격적인 주장을 더 잘 퍼뜨리는 구조를 갖고 있다. 그 배후에는 사용자 맞춤형 정보를 제공하는 알고리즘이 있다.

알고리즘은 사용자의 클릭, 시청 시간, 좋아요, 댓글 등을 바탕으로 무엇을 보여줄지를 결정한다. 그 기준은 오직 하나, 참여를 얼마나 끌어내는가이다. 문제는 음모론 콘텐츠가 감정적 반응을 유도하는 데 특화되어 있다는 점이다. 정보의 진위 여부는 중요하게 고려되지 않는다. 예컨대 "백신은 인류를 통제하기 위한 수단이다", "총선은 조작되었다", "세계보건기구who가 세계 정부를 만들려 한다"는 식의 영상은 단순한 의혹 제기 수준을 넘어서 극적인 언어와 서사를 통해 사용자의 감정을 강하게 자극한다. 알고리즘은 이러한 콘텐츠를 더 많은 이들에게 추천하고 이는 다시 더 많은 조회 수, 댓글, 공유로 이어진다. 일종의 '참여 피드백 고리'가 형성되는 것이다.

그 결과 일반적인 보수적 콘텐츠를 보던 사용자가 점점 더 극단적 음모론 콘텐츠로 이동하는 '토끼굴 효과Rabbit Hole Effect'가 나타난다. 이는 단순히 사용자의 성향 탓이 아니라, 알고리즘이 그렇게 되도록 설계돼 있기 때문이다. 시청 시간과 클릭률을 극대화하기 위해 플랫폼은 감정적으로 강한 콘텐츠를 계속 밀어준다. 그 콘텐츠가 거짓이든 아니든, 알고리즘은 관심을 끌 수 있다면 주저하지 않는다.

알고리즘 구조가 민주주의 기반의 약화에 미치는 영향은 크게 세 가지로 요약할 수 있다.

첫째, 공론장의 파편화다. 알고리즘은 각 사용자를 서로 다른 정보의 섬으로 고립시키고, 사회 전체가 공유하는 '사실의 기반'을 약화한다. 서로 다른 '현실'을 사는 사람들 사이에서 토론과 합의는 거의 불가능해진다.

둘째, 극단적 주장만 살아남는 구조다. 플랫폼은 사용자 참여를 극대화하는 콘텐츠를 우선시한다. 조용하고 차분한 설명보다, 분노를 유발하고 공포를 조장하는 음모론적 콘텐츠가 더 많은 노출을 받는다. 이로 인해 사회적 담론은 점점 자극적이고 공격적인 방향으로 흐르게 된다.

셋째, 정치적 양극화의 심화다. 알고리즘은 사용자가 이미 믿고 있는 정보를 우선적으로 제공하기 때문에 정치적 입장이 강화된다. 정치적 진영 간의 간극은 넓어지고, 상대를 설득하거나 타협할 가능성은 줄어든다.

한국 사회는 2020년대 들어 이러한 문제를 고스란히 드러내고 있다. 유튜브 기반의 정치 담론, 인공지능을 통한 딥페이크 영상의 확산, 공영방송에 대한 신뢰 하락은 모두 민주주의의 '정보 인프라'를 허물어뜨린다. 이 문제가 가장 극적으로 드러난 것이 바로 2024년 12·3 계엄 사태라고 할 수 있다. 《뉴욕타임스》가 이 시도를 "알고리즘 중독이 촉발한 세계 최초의 반란"이라고 보도했을 정도로 윤석열 전 대통령 본인이 계엄의 근거를 유튜브에서 퍼진 부정선거 음모론에서 찾았고, 탄핵 이후 극우 유튜브 채널은 "윤 대통령 축출은 좌파의 쿠데타"라는 주장을 반복했다. 알고리즘은 이 과정에서 감정적 반응을 극대화하는 콘텐츠를 앞세워 사용자 참여를 끌어냈으며, 이들은 점점 더 조직적인 정치 행동으로 나아갔다.

결국 알고리즘은 음모론이 단순한 개인의 믿음에서 정치적 동원의 도구가 되는 데 기여했다.

이 문제를 해결하려면 플랫폼 기업의 알고리즘 설계 방식에 대한 투명성 강화가 필수다. 알고리즘은 단순히 기술적 중립 기제가 아니라 정치적·사회적 영향을 미치는 강력한 사회적 도구라는 걸 인식해야 한다. 현재는 사용자 참여에만 최적화되어 있으나, 앞으로는 사회적 균형과 다양성도 고려해야 한다. 또한 디지털 리터러시 교육이 강화돼야 한다. 사용자가 알고리즘의 원리를 이해하고, 자신의 정보 소비 방식에 대해 비판적으로 접근할 수 있어야 한다. 공영 언론과 교육 기관이 그 역할을 맡아야 하며, 정부와 기업은 이를 지원해야 한다.

마지막으로 공적 알고리즘 설계와 시민 참여가 병행돼야 한다. 알고리즘이 사회적 책임을 지기 위해서는 법적 규제와 함께 시민의 감시가 필요하다. 무엇을 보여주고 무엇을 숨길 것인지, 이제는 기술자만이 아닌 시민 모두가 논의해야 할 시대라는 의미다.

그렇지만 사실 음모론은 인터넷 이전에도 존재해왔으며 기술만으로는 해결할 수 없다. 그것은 신뢰, 투명성, 공감, 소통의 문제며, 그 해법 역시 사람과 사람 사이의 민주적 대화에서 시작된다. 다음 장에서 역사 속 음모론을 살펴보며, 음모론에 어떻게 접근해야 할지 생각해보자.

4

음모론의 역사
: 로마 대화재부터 큐어넌까지

고대에서 중세까지
: 두려움이 낳은 해석, 권력이 만든 이야기

음모론은 어느 날 갑자기 등장한 현대의 산물이 아니다. 사실 인류가 문명을 갖추기 시작한 이래 줄곧 사람들 마음속에는 음모론적 해석 방식이 있었다. 혼란과 불확실성, 권력과 두려움이 교차할 때 사람들은 '무언가 숨겨진 계획이 있다'는 믿음으로 위안을 얻곤 했다. 때로는 개인의 안전을, 때로는 집단의 정체성을 지키기 위해 그 믿음을 선택했다. 고대부터 현대까지, 대표적인 음모론을 시대별로 살펴보면 그 원형이 얼마나 깊이 우리 역사에 뿌리내리고 있었는지 분명히 확인할 수 있다. 먼저 고대와 중세 음모론으로 시작하자.

소크라테스의 죽음: 철학자에게 씌워진 정치적 음모

기원전 399년, 아테네의 한 법정에서 철학자 소크라테스는 사형을 선고받는다. 죄목은 '신을 부정하고, 젊은이를 타락시켰다'는 것이다. 당시 아테네는 펠로폰네소스 전쟁에서 패배하며 정치적 혼란에 빠져 있었다. 시민들은 사회 변화를 불안하게 바라보고 있었다. 플라톤의『변명Apology』에 따르면 소크라테스에 대한 고발은 단순한 종교적 문제가 아니었다. 소크라테스가 끊임없이 던졌던 질문과 비판은 보수적 엘리트에게 위협이 됐고, 결국 그의 죽음은 철학자 하나를 제거함으로써 체제의 안정을 꾀한 정치적 음모라고 볼 수 있다.

네로 황제와 로마 대화재: 불길 속에서 피어난 소문

서기 64년, 로마 시내를 집어삼킨 대화재는 단지 자연재해로 끝나지 않았다. 당시 황제였던 네로가 직접 불을 지르고 리라를 연주했다는 소문이 도시 전역에 퍼졌다. 시민들 분노는 걷잡을 수 없었다. 타키투스는『연대기』에서 이 불길한 이야기들을 생생하게 전했다. 네로는 곧장 기독교인들을 희생양으로 삼아, 그들이 불을 질렀다고 지목했다. 무자비한 박해가 이뤄져, 많은 이들이 사자에게 물려 죽거나 십자가에 매달렸다. 이처럼 통치자가 위기를 통제하기 위해 음모론을 이용했고, 이는 새로운 소수 집단에 대한 증오를 조직화하는 수단이 됐다.

흑사병과 유대인 학살: 죽음에 대한 공포가 부른 광기

14세기 유럽을 휩쓴 흑사병은 수천만 경의 목숨을 앗아갔다. 사람들은 병의 이유를 알지 못했다. 언제나 그렇듯 외부인을 의심하기 시작했고, 유대인들이 우물에 독을 풀었다는 괴소문이 퍼졌다. 독일, 프랑스, 스페인 곳곳에서 유대인 거주 구역이 불타올랐다. 생존자들은 도망쳐야 했고, 아이부터 노인까지 무차별적으로 학살당했다. 이 음모론은 단순한 소문이 아니라, 사회 불안과 차별, 종교적 적대감이 한데 뒤섞여 폭발한 집단적 폭력이었다.

템플 기사단 탄압: 빚을 갚기 위한 국왕의 계략

1307년, 프랑스 왕 필리프 4세는 템플 기사단을 갑작스럽게 체포했다. 죄목은 이단 행위, 음란한 의식, 마귀 숭배 등 매우 자극적인 것들이었다. 그러나 진짜 이유는 다른 데 있었다. 왕실은 기사단에 막대한 빚을 지고 있었는데, 이를 갚기보다 기사단을 무너뜨리고 재산을 몰수하는 편이 더 쉬운 선택이었던 것이다. 이때 자크 드 몰레 단장은 고문 끝에 허위 자백을 하고, 1314년 화형을 당했다. 이 사건은 정치권력이 음모론을 어떻게 '제도화된 제거'의 수단으로 사용하는지를 보여주는 사례다.

마녀사냥: 여성 혐오와 공포가 낳은 신화

15세기부터 17세기까지 유럽 전역은 마녀사냥이라는 광기에 휩싸였다. 『마녀를 심판하는 망치Malleus Maleficarum』라는 책은 마녀가 어떻게 악마와 계약을 맺고 인간 사회를 망치는지를 상세히 기록했다. 이 책은 오랜 기간 유럽에서 마녀재판의 교과서처럼 사용됐다. 마녀로 지목된 여성은 대부분 고립된 노인이었고, 고문을 통해 자백을 강요당한 뒤 화형에 처해졌다. 이 사례는 음모론은 성차별과 종교적 불안과 만나 폭력으로 변모할 수 있다는 점을 잘 보여준다.

초기 기독교 박해와 이후의 반전

초기 기독교는 음모론의 피해자였다. 로마 시민들은 기독교인들이 비밀 의식에서 유아를 제물로 바치고 식인 의례를 한다고 믿었다. 이는 수많은 박해로 이어졌다.

그러나 기독교가 로마 국교가 된 이후 이 패턴은 사라진 게 아니라 거꾸로 반복됐다. 기독교 권력은 이제 이단자와 이교도에게 같은 음모론을 덧씌우며 자신들의 권위를 강화하려 했다. 음모론은 '권력을 가진 쪽'이든 '탄압받는 쪽'이든 필요에 따라 언제든 재구성되는 정치적 언어였다.

십자군 전쟁: '신의 전쟁'을 위한 감정의 조직

11세기 말, 교황 우르바누스 2세는 클레르몽 공의회에서 십자군 원정을 선포했다. 명분은 이슬람 세력이 예루살렘을 더럽히고 기독교 순례자들을 위협하고 있다는 것이었다. 그것은 진실이라기보다 정치적 동원을 위한 '정서적 선전'에 가까웠다. 종교적 감정과 음모론이 결합하면 전쟁은 거대한 정화의 의식처럼 포장된다. 그 결과 수십만 명이 목숨을 잃었고 유럽과 중동은 오랜 시간 분열과 증오의 역사에 빠지게 됐다.

고대와 중세의 음모론은 단순한 소문이 아니었다. 체제 유지를 위한 수단이었고, 공포와 불안을 정당한 폭력으로 바꾸는 사회적 장치였다. 그 메커니즘은 오늘날에도 그대로 되풀이되고 있다. 역사는 종종 '진실을 감추는 이야기'와 '진실을 보려는 시도' 사이의 싸움이었으며, 음모론은 바로 그 경계에 자리 잡고 있는 시대의 그림자이자 인간 본성의 거울이다.

근대 초기

: 종교, 비밀결사, 혁명을 둘러싼 의심과 조작

근대 초기, 즉 16세기부터 18세기에 이르는 시기는 종교개혁과 절대 왕정, 계몽주의와 시민혁명이 교차하며 유럽 사회 전체를 흔들던 시대였다. 기존 질서가 흔들릴 때마다 사람들은 보이지 않는 손, 은밀한 세력, 숨겨진 계획의 존재를 상상했다. 그러면서 음모론은 더 이상 주변부의 속삭임이 아니게 됐다. 국가와 교회, 지식인과 대중 모두가 음모론을 말하고, 믿고, 때로는 전략적으로 활용했다.

이 시기에 등장한 몇몇 집단, 예를 들면 예수회, 프리메이슨, 일루미나티는 단순한 조직 그 이상으로 상징적 존재가 되었다. 이들은 실제 활동 자체보다 그들이 가졌던 영향력과 그에 대한 대중의 불안으로 인해 '음모론의 핵심 주체로 부상하게 된다.

예수회: 선교 집단인가, 그림자 권력인가

1534년, 이냐시오 데 로욜라Ignatius of Loyola가 창립한 예수회는 가톨릭의 위기를 돌파하기 위한 종교적 대응이었다. 이들은 고도의 훈련을 거친 지식인 선교사였고, 세계 곳곳에서 교육과 포교를 수행하며 급속히 세력을 넓혀갔다. 하지만 그런 성공은 곧 의심을 불러일으켰다.

특히 개신교 국가인 영국에서 예수회는 '로마 교황의 첩자', '국왕 암살을 기도하는 비밀 조직'으로 여겨졌다. 1605년 가이 포크스Guy Fawkes를 중심으로 한 가톨릭 신자들이 국왕 제임스 1세와 국회의 사당을 폭파하려 했던 '화약 음모 사건'은 이런 두려움에 기름을 부었다. 이 사건은 곧 예수회 전체를 범인으로 몰아세우는 계기가 됐다. 영국 사회는 반가톨릭 정서를 '가이 포크스의 밤Guy Fawkes Night'이라는 의례로 재현하기 시작했다.

이후 예수회는 프랑스, 포르투갈, 심지어 가톨릭 국가인 스페인에서도 국가 권력을 위협하는 존재로 지목돼 추방당했다. 이들이 교황에게만 충성한다는 점, 외교적 영향력을 가진 '국제 조직'이라는 점, 그리고 비밀스러운 내부 구조는 '음모론적 상상력'을 자극하는 요소였다.

결국 1773년 교황 클레멘스 14세는 예수회를 공식 해산하기에 이르렀다. 해산의 명분에는 정치적 압력도 있었지만 이들이 '세속 권력과 교황청을 뒤흔드는 그림자 권력'이라는 오랜 의심도 크게 작용했다.

프리메이슨과 일루미나티
: 계몽주의의 동맹인가, 세계 지배의 시발점인가

18세기 들어 등장한 프리메이슨과 일루미나티는 음모론의 전통을 계승하면서도 한층 더 정교하고 광범위한 불신의 대상으로 자리 잡았다.

프리메이슨은 중세 석공 길드에서 유래한 집단이다. 계몽주의 시대에는 지식인, 정치가, 사상가들이 모이는 사적인 담론 교류 공간이 되었다. 워싱턴, 프랭클린, 라파예트 등 미국과 프랑스 혁명의 주역들이 모두 프리메이슨이었다는 사실은 후대 음모론자들에게 중요한 '증거'로 받아들여졌다.

이 조직은 실질적으로는 토론과 지적 교류의 장이었지만 외부에 공개되지 않은 의식, 상징, 계급 구조는 언제나 대중의 상상력을 자극했다. 결국 교황청은 1738년, 프리메이슨을 이단으로 규정하며 신자들의 참여를 금지했다. 이후 수 세기 동안 프리메이슨은 '가톨릭 세계를 무너뜨리려는 사탄의 도구' 혹은 '세계 정부의 설계자'로 묘사되곤 했다.

1776년, 독일 바이에른에서 아담 바이스하우프트Adam Weishaupt가 창립한 '일루미나티'는 처음엔 계몽주의적 이상을 추구하는 비밀결사였다. 하지만 이 조직은 점차 프리메이슨과 연계됐고 정치적 급진성을 띠며 바이에른 정부의 탄압을 받았다. 1785년 공식 해산되었지만 나중에 발견된 문서에 '교회와 왕정을 무너뜨릴 계획'이 있었다는 주장이 제기되면서 일루미나티는 '모든 혁명의 배후 세력', '그림자 세계 정부'의 상징으로 자리 잡게 된다.

프랑스 혁명과 음모론

1789년 발발한 프랑스 혁명은 정치의 지형을 송두리째 바꾼 사건이었다. 혁명이라는 격변의 한가운데서 수많은 음모론이 만들어졌다. 보수 정치철학자 에드먼드 버크는 『프랑스 혁명에 관한 성찰』에서 이 혁명을 '철학자들의 추상적 이론이 불러온 재앙'이라고 규정하며 그 배후에 프리메이슨과 계몽주의자들이 있다고 비판했다.

프랑스 예수회 신부 어거스틴 바뤼엘은 『자코뱅주의 역사에 관한 회고록』(1797)에서 더 노골적으로 주장했다. 볼테르, 루소, 디드로 등 계몽 사상가들이 프리메이슨과 일루미나티를 통해 왕정과 교회를 해체하려 했다는 3단계 음모론을 제시했고, 혁명은 '계획된 파괴'라고 보았다. 이 서사는 이후 유럽 보수주의와 반계몽주의 담론에서 널리 차용되며 혁명의 역사적 해석에 깊은 영향을 끼쳤다.

미국의 탄생과 음모론

미국 독립 혁명 또한 음모론의 그림자에서 자유롭지 않았다.

미국 독립의 주역들은 연방주의자와 반연방주의자로 갈려 격렬한 대립을 벌였다. 토머스 제퍼슨은 알렉산더 해밀턴이 '왕정을 부활시키려 한다'는 의심을 품었고, 해밀턴 지지자들은 제퍼슨이 프랑스식 급진주의를 미국에 들이려 한다고 경고했다. 조지 워싱턴은 고별

연설에서 정당 간 분열과 외국 세력의 영향력에 대한 우려를 공식적으로 밝히기도 했다. 이는 훗날 미국 정치가 '숨은 세력'과 '내부 조작'을 끊임없이 의심하게 되는 근거가 됐다. 나아가 현대 미국의 딥스테이트 음모론으로까지 이어지는 심리적 구조를 형성했다.

근대 초기의 음모론은 단순히 민간에 떠돌던 소문에 머물지 않았다. 그것은 권력과 종교, 지식과 대중이 충돌하는 공간에서 탄생한 하나의 '정치적 언어'였다. 이때 등장한 예수회, 프리메이슨, 일루미나티라는 세 조직은 시대와 장소를 초월해 지금도 여전히 각종 음모론의 핵심 키워드로 회자되고 있다. 이 시기 음모론은 이후 19세기의 반유대주의, 20세기 냉전기의 반공 음모론, 그리고 21세기 글로벌리즘과 디지털 음모론으로 이어지는 장기적 흐름의 출발점이기도 했다.

19세기

: 혐오와 다툼이 만든 음모론 서사

19세기는 산업혁명과 제국주의, 민족주의와 계급투쟁이 복잡하게 얽힌 대전환의 시기였다. 도시가 성장하고 기술이 진보하는 가운데 사람들 삶도 빠르게 변했다. 이런 변화가 언제나 환영받는 것만은 아니었다. 새로운 계급 구조, 이민의 물결, 정치와 종교의 갈등 속에서 사람들은 자신을 둘러싼 세계를 이해할 수 있는 명쾌한 해석을 원했다. 그 해석은 종종 '보이지 않는 누군가의 계획'을 언급하는 형태로 나타났다. 음모론은 바로 그런 시대적 필요를 반영하며 퍼져나갔다.

금융 엘리트와 반유대주의 음모론

19세기 음모론 가운데 가장 널리 퍼졌고, 또 가장 파괴적인 결과를 초래한 주제는 유대인에 대한 음모론이었다. 특히 로스차일드 가문이 그 중심에 있었다. 마이어 암셸 로스차일드가 창립한 이 가문은 유럽 전역에 금융망을 구축하며 엄청난 부와 영향력을 축적했다. 이로 인해 '금융을 통해 세계를 조종하는 유대인'이라는 서사가 탄생했다.

대표적인 예는 1815년 워털루 전투 직후의 일화다. 나폴레옹의 패배 소식을 영국보다 먼저 입수한 네이선 로스차일드가 영국 국채 시장을 조작해 막대한 이익을 얻었다는 설이다. 이 일화는 사실로 확인된 바 없지만 대중들은 이를 믿고서 로스차일드 일가를 '그림자 권력'으로 여기기 시작했다. 이는 반유대주의 담론의 토대가 되었다.

1903년 러시아에서 처음 등장한 『시온 장로들의 의정서』는 이런 불신을 구체화해서 만든 문서였다. 유대인 지식인들이 세계 정복을 모의하고 있다는 내용을 담은 이 문서는 러시아 비밀경찰이 조작한 위조물이었다. 그럼에도 불구하고 이 문서는 헨리 포드, 아돌프 히틀러 같은 인물에게 영향을 미쳤고, 20세기 유럽 반유대주의와 홀로코스트의 사상적 뿌리를 제공하게 된다.

제국의 통치 전략과 식민지 음모론

제국주의 시기 식민지 사회에서도 음모론은 거세게 번졌다. 피지배 민족은 서구 열강이 자국을 분열시키고 통제하기 위해 의도적으로 민족·종교 간 갈등을 조장하고 있다고 믿었다. 실제로 '분할 통치divide and rule' 전략이 여러 지역에서 활용됐기에 더 믿기 쉬웠다. 이에 대한 인식은 독립운동의 정당성을 뒷받침하는 핵심 논리로도 작용했다.

인도에서는 힌두교와 이슬람 간 갈등이 영국의 고의적 조작이라는 인식이 널리 퍼졌다. 아프리카 각지에서도 부족 간 분열이 식민 통치를 위한 전략이었다는 주장이 확산했다. 중국에서는 아편 전쟁을 계기로 서구가 아편을 통해 중국인의 정신을 마비시키고 사회를 약화시켰다는 믿음이 형성되었다. 이 믿음은 의화단 운동처럼 서구에 대한 폭력의 정당화로 이어지기도 했다.

미국의 분열과 종교적 적대

19세기 미국 역시 음모론의 주된 무대였다. 남북전쟁 당시 남부에서는 북부 자본가들이 남부의 면화 산업을 장악하고자 노예제를 폐지하려 한다는 인식이 널리 퍼졌다. 이 서사는 전후 '잃어버린 대의Lost Cause' 신화로 이어졌고, 남부의 패배가 외부 음모 때문이라고 여기는 내러티브를 형성했다.

종교 영역에서도 음모론은 강하게 작동했다. 모르몬교는 창시자 조지프 스미스의 예언과 일부다처제, 독립적인 공동체 생활 등으로 미국 주류 사회의 불신을 샀다. 이들은 신정국가를 수립하려 한다는 의심을 받았고, 이는 결국 스미스 암살과 유타 전쟁의 원인이 됐다.

1840~1850년대에는 이민자 가톨릭 신자들이 교황의 명령을 받아 미국의 자유를 위협하고 있다는 주장이 '노우 낫싱 운동Know-Nothing Movement'이라는 정치 세력으로 조직되기도 했다. 이 운동은 일부 주

의회를 장악하고 실제 폭동을 유발하는 등 큰 영향을 미쳤다.

이처럼 19세기의 음모론 역시 단순한 허위정보나 오해에서 나오지 않았다. 그보단 당대 사회의 깊은 불안과 변화에 대한 심리적·정치적 반응이었다.

음모론은 자체로는 허구일 수 있지만 그것이 형성되는 사회적 맥락과 음모론의 정치적 기능을 외면해서는 안 된다. 19세기의 음모론은 20세기의 파시즘, 민족주의, 반서구 정서로 이어졌고, 지금도 다양한 형태로 살아남아 여전히 우리 사회 곳곳에 영향을 미치고 있기 때문이다.

20세기 전반

: 전쟁, 혁명, 공황이 휩쓴 혼란의 한가운데

20세기 전반은 전례 없는 격동의 시기였다. 두 번의 세계대전, 러시아 혁명, 세계 대공황까지 인간이 믿어온 질서가 무너지고 새로운 이념과 체제가 충돌하면서 사람들의 불안은 극에 달했다. 그 불안 위에 음모론이 피어났다.

전쟁 뒤의 음모론

1914년 여름, 유럽은 뜨거운 전쟁의 문턱에 서 있었다. 6월 28일, 오스트리아 황태자 프란츠 페르디난트가 사라예보 거리에서 총격을 받고 쓰러졌다. 현장은 혼란 그 자체였고, 범인은 세르비아 민족주의 단체 '검은 손Black Hand' 일원이었다.

오스트리아 정부는 그 배후에 세르비아 정부가 있다는 주장을 펼쳤다. 직접적인 증거는 부족했지만 당시 대중은 이 주장을 곧이곧대로 받아들였다. 그 믿음이 전쟁의 도화선이 되었고, 유럽은 단숨에 전쟁의 소용돌이에 휘말렸다.

전쟁이 끝난 후 독일은 무너졌다. 그러나 독일군 일부는 패배를 인정하지 않았다. 대신 자신들의 패배는 내부의 배신 때문이라 주장했다. 이것이 바로 '등 뒤에서의 일격Dolchstoßlegende' 신화다. 유대인, 공산주의자, 사회민주당이 독일을 뒤에서 찔렀다는 이야기다. 히틀러는 이 신화를 교묘하게 이용했다. 그는 대중의 분노를 유대인과 좌파에게 돌렸다. 바이마르 공화국은 지지를 잃으며 붕괴의 길로 향했다.

유대인-볼셰비키 음모론

러시아에서는 1917년 볼셰비키 혁명이 일어났다. 그 직후 유럽 전역에는 '유대인-볼셰비키 음모론'이 퍼지기 시작했다. 유대인과 공산주의가 손잡고 세계를 전복하려 한다는 주장이었다. 그 근거로 사용된 문서가 앞서 언급한 『시온 장로들의 의정서』였다. 1921년 영국 기자 필립 그레이브스는 이 문서가 표절이자 허위임을 폭로했지만 이미 퍼져버린 신념은 쉽게 사라지지 않았다. 미국의 헨리 포드, 독일의 히틀러까지 이 문서를 진실로 믿고 인용했다.

금융 엘리트의 조작설

1929년 뉴욕 증권거래소 붕괴는 세계를 경제 공황에 빠뜨렸다. 수많은 이들이 직장을 잃고 거리로 나앉았다. 이때 떠오른 음모론이 '금융 엘리트의 조작설'이다.

미국 상원의원 휴이 롱은 라디오 연설에서 월스트리트와 연방준비제도Fed를 지목하며 "그들이 의도적으로 경제를 무너뜨렸다"라고 주장했다. 유대인 은행가가 배후라는 주장은 더 이상 변두리의 소문이 아니었다. 많은 미국인이 분노를 쏟아낼 대상을 찾고 있었고, 그 분노는 점점 구체적인 얼굴을 갖춰갔다.

한편 프랭클린 루스벨트 대통령의 뉴딜 정책은 당시 극우 세력에게는 '사회주의 음모'로 보였다. 정부가 시장에 개입하는 것을 두고 자유가 무너지고 있다고 비판했다. 미국 시민자유연맹 같은 단체는 뉴딜을 '은근한 혁명'이라 불렀고, "루스벨트가 미국을 소련처럼 만들려 한다"고 주장했다.

패배가 불러온 음모론

1941년 진주만이 일본군의 공격을 받았을 때 새로운 음모론이 고개를 들었다. "루스벨트는 공격을 알고도 일부러 무시했다"는 것이다. 항공모함이 진주만에서 미리 빠져나갔다는 사실, 미국이 일본 암호를 이미 해독하고 있었다는 정황은 이 주장을 뒷받침하는 듯 보였다. 하지만 다수의 역사학자는 이를 정보 체계의 문제로 봤다. 일본군의 공격은 예상했지만 구체적인 시점과 장소를 몰랐다는 것이다.

전쟁이 끝나갈 무렵 베를린 벙커에서 히틀러가 자살했다는 소식이 전해졌다. 그러나 그의 죽음을 믿지 않는 사람들이 많았다. "그가 남미로 도망쳤다", "소련이 시신을 감췄다"는 음모론이 영화와 책을 통해 오랫동안 생명력을 유지했다. 2018년 프랑스 연구진이 히틀러 유골의 DNA를 분석한 결과 자살설을 입증했지만, 그를 숭배하거나 두려워하는 이들에게 히틀러 생존설은 여전히 전설처럼 남아 있다.

홀로코스트 부정론

홀로코스트는 20세기 가장 참혹한 범죄였지만 이조차 부정하는 세력이 등장했다.

이른바 '홀로코스트 부정론'은 제2차 세계대전 당시 나치 독일이 자행한 유대인 집단 학살을 부인하거나 축소하는 주장이다. 이 주장은 압도적인 역사적 증거를 무시하며, 반유대주의와 네오나치즘을 정당화하는 배경으로 자주 등장한다.

부정론자들은 유대인 사망자 수가 과장됐고, 사망 원인이 학살이 아니라 질병이나 기아였다고 주장한다. 또 부정론자들은 아우슈비츠 등 강제 수용소에 가스실이 존재하지 않았다고 주장한다. 하지만 나치가 남긴 문서, 수용소 구조물, 연합군의 해방 당시 사진, 생존자 증언을 통해 가스실의 존재와 용도는 명확히 드러난다. 이 밖에도 유대인이나 연합군이 홀로코스트를 조작했다는 주장도 있으나, 이는 나치 독일 내부의 공식 문서와 다양한 출처에서 확인된 증거들에 의해 반박된다. 홀로코스트 부정론은 단순한 해석 차원을 넘어선 심각한 역사 왜곡이다. 이는 희생자와 생존자의 고통을 부정하고, 반유대주의를 확산시키는 결과로 이어진다. 독일, 프랑스 등 유럽 여러 국가는 홀로코스트 부정을 범죄로 간주하고 법적 처벌을 시행하고 있다.

이처럼 20세기 전반기 음모론은 혼란과 공포, 분노가 만든 사회적 서사였다. 전쟁은 적을 만들어야 했고, 경제 위기는 누군가를 탓해야 했으며, 혁명은 새로운 악의 얼굴을 필요로 했다. 음모론은 그 공백을 채운 이야기였고, 그 이야기들은 아직도 끝나지 않았다.

20세기 후반

: 권력 불신 속 의심이 일상이 되다

20세기 후반, 세상은 전면적으로 분열돼 있었다. 미국과 소련이 서로의 숨결까지 경계하던 냉전의 시대다. 우주와 무의식, 정보와 이미지가 동시에 급속히 팽창하던 시기였다. 사람들은 그 혼란의 한가운데서 보이지 않는 손길을 의심하기 시작했다. '눈에 보이지 않지만 모든 것을 조종하는 그들의 존재'는 그렇게 일상과 세계를 해석하는 하나의 방식이 됐다.

정보전 전략이 된 음모론

1950년대 미국 텔레비전의 흑백 화면 너머로 조지프 매카시 상원의원의 목소리가 울려 퍼졌다. "정부 안에 공산주의자가 있다." 그는 단지 주장에서 그치지 않고 이름을 호명했다. 수천 명의 예술가, 관료, 교수들이 '잠재적 위협'이라는 낙인 아래 직장을 잃고 사회에서 배제됐다. 특히 할리우드는 블랙리스트로 차갑게 얼어붙었고, 감독과 배우들은 더 이상 자유롭게 말하지 못했다. 그 광기 어린 정치는 '매카시즘'이라는 이름으로 기록됐지만 사람들 가슴에 남은 건 자유에 대한 깊은 의심이었다.

반대 진영인 소련 역시 고요하지 않았다. KGB는 '적극적 조치 Active Measures'라는 이름의 정보 작전을 구사하며 서방의 혼란을 증폭시키고자 했다. 허위정보를 유포하고 반미 감정을 확산하는 전략은 냉전시대 정보전의 핵심 수단이었다. 거짓이 전략이 되고, 의심이 무기가 된 시대였다.

음모론에 신빙성을 더해준 실제 음모

이런 배경에서 미국 정부의 실제 비밀 작전이 드러났을 때 대중은 충격에 빠졌다. 1953년부터 시작된 CIA의 MK-Ultra 프로젝트는 인간의 정신을 통제하려는 실험이었다. 약물 투여, 최면, 감각 차단 등이 실시되었다. 피실험자 중에는 동의 없이 실험을 당한 일반 시민도 있었다. 1975년 '처치 위원회'가 일부 내용을 폭로하고 나서야 사람들은 비로소 깨달았다. 음모는 단지 상상이 아니었다는 사실을.

정치적 암살은 또 다른 불신의 씨앗이 되었다. 1963년 댈러스의 햇살 아래에서 케네디 대통령이 총탄에 쓰러졌다. 범인은 리 하비 오스왈드. 그러나 사람들은 믿지 않았다. 왜 단독범이 그런 일을 했을까?

그 뒤에 CIA, 마피아, 쿠바가 있다는 소문은 영화와 책, 그리고 수많은 시민의 입을 통해 증폭되었다.

더군다나 같은 해 마틴 루터 킹 목사와 로버트 케네디가 잇달아 암살되자 미국 사회는 깊은 상처를 입었다. 1999년 킹 목사의 유족이 제기한 민사소송에서 배심원단은 '정부 연루 가능성'이 있다고 평결했다. 그 진실은 여전히 반쯤 열린 문처럼 사람들 의식 속에서 흔들리고 있다.

UFO 음모론의 완성

1947년 미국 뉴멕시코주 로스웰에서 비행 물체가 추락했다는 보도가 나오자 정부는 이를 기상관측 풍선이라 밝혔다. 하지만 최초에 사용된 "비행 원반"이라는 표현, 그리고 정보의 반복적 번복은 '정부가 외계인의 존재를 숨기고 있다'는 음모론으로 이어졌다. 미국 네바다 사막의 에어리어 51이 외계인의 실험장이라는 주장이 퍼져나갔고, UFO와 외계인을 둘러싼 음모론은 가장 성공한 현대 음모론으로 등극한다. 수십 년이 지나도 "정부가 외계 생명체의 존재를 숨기고 있다"라는 주장은 사라지지 않았다.

대음모론의 시대가 열리다

문화 영역에서도 음모론은 활기를 띠었다. 1969년 어느 비틀즈 팬이 말했다. "폴 매카트니는 죽었다. 지금은 대역이다." 사람들은 앨범 커버 속 상징, 가사에 숨겨진 메시지, 거울로 비춘 음반 표지 등에서 단서를 찾았고 의심은 믿음으로 진화했다. 같은 해 미국의 달 착륙 역시 "스튜디오에서 촬영된 조작"이라는 주장이 등장했다. 정부 공식 발표는 거대한 스크린처럼 보였고 그 뒤를 들춰보려는 시도가 멈추지 않았다.

1980년대 후반에는 '신세계 질서New World Order' 음모론이 고개를 들었다. 빌더버그 회의, 트릴래터럴 커미션, 유엔, 세계은행 등을 거론하며 사람들은 세계를 조종하는 숨은 세력이 있다고 믿기 시작했다. 환경 보호 프로그램 '어젠다 21'은 "지구 인구를 통제하려는 계획"으로 해석됐고, 일부 미국 민병대는 "세계 정부가 미국의 주권을 침해하려 한다"며 무장을 시작했다. 이들은 단순한 정치 불신이 아니라 생존에 대한 위협을 느끼고 있었다.

같은 시기 HIV/AIDS에 대한 음모론도 등장했다. 일부는 이 바이러스가 실험실에서 만들어졌다고 믿었다. 이들은 에이즈가 "흑인과 동성애자, 제3세계 국가를 겨냥한 생물학 무기였다"라고 주장했다. 미국 정부가 치료법을 숨기고 있다는 주장도 뒤따랐다. 공중보건 정책은 의심의 대상이 됐고 치료를 거부하는 이들도 생겨났다.

이렇듯 20세기 후반의 음모론은 과거의 소문과는 결이 달랐다. 그것은 대중매체와 결합해 구조를 갖추고, 실체 없는 이야기를 넘어서 실질적인 정치적, 사회적 힘으로 작동했다.

워터게이트 사건과 MK-Ultra, 베트남 전쟁의 거짓 보고서 등 정부가 '정말 거짓말을 한' 사건은 대중들에게 더 큰 확신을 주었다. "음모가 진짜였다. 우리는 속았다"라는 외침이 힘을 얻었다.

이 시대 음모론은 생존을 위한 집단적 상상력인 측면도 있었다. 그 상상은 인터넷과 디지털 미디어를 통해 21세기로 이어졌고, 지금도 여전히 현실을 구성하고 있다. 과학이 발전할수록, 정보가 넘칠수록, 우리는 그 정보 뒤에 숨은 '의도'를 찾으려 한다. 어쩌면 그것이 현대인이 가장 본능적으로 지닌 믿음의 방식일지도 모른다.

21세기 음모론은
어디로 향하나

2001년 9월 11일, 전 세계가 쌍둥이 빌딩의 붕괴를 생중계로 목격했다.

그 잿더미 속에서 사람들은 의심을 꺼냈다. "정말 외부의 공격이었을까?" 이런 의심은 미국 정부가 자작극을 벌였다는 주장으로 이어졌다. 이라크 전쟁, 애국법, 석유 이해관계 등 모든 것이 하나의 시나리오처럼 연결되며 '9·11 트루서Truther'라는 운동이 탄생했다. 특히 7번 빌딩의 대칭적 붕괴 장면은 '통제된 폭파' 이론을 낳았고, 건축 전문가들이 집단적으로 정부 발표에 반기를 들기도 했다.

정치의 장에서도 음모론은 강한 영향력을 발휘했다. 2008년 미국 대선에서는 오바마 대통령이 미국 태생이 아니라고 주장하는 '버서 운동Birther Movement'이 확산됐다. 오바마 대통령이 출생증명서까지 공개했지만 의혹은 쉽게 사라지지 않았다.

클린턴 부부가 정적을 제거해왔다는 '바디 카운트' 리스트, 그리고 미국의 진짜 권력이 선출되지 않은 '딥스테이트'라는 이론은 트럼프 대통령의 등장과 함께 더 이상 비주류의 언어가 아니었다. 또 러시아 게이트Russia gate는 음모론을 좌우 양 진영 모두가 사용하는 무기로 만들어버렸다.

러시아 게이트는 2016년 미국 대선에서 러시아가 조직적으로 개입했고, 당시 공화당 후보였던 도널드 트럼프 캠프가 공모했다는 의혹이다. 이 사건은 트럼프 대통령 재임 내내 정치적 중심 이슈로 떠올랐으며, 특별검사 로버트 뮬러의 공식 수사로 이어졌다. 뮬러 특검은 2017년 5월부터 2019년 3월까지 조사를 진행했다. 특검 보고서는 러시아가 대선에 광범위하고 체계적으로 개입했다는 점을 분명히 했지만 트럼프 캠프가 러시아 정부와 범죄적으로 공모했다는 직접적인 증거는 확인하지 못했다. 이후 트럼프 전 대통령은 러시아 게이트를 '러시아 조작Russia Hoax'이라 부르며 반격에 나섰다. 그는 오바마 행정부가 자신을 겨냥해 정치적 수사를 벌였다고 주장했다. 실체가 불분명한 러시아 게이트를 둘러싼 미국 정치권의 공방은 지금도 계속 이어지고 있다.

보건과 과학의 영역에도 음모론은 깊이 침투했다. 앤드루 웨이크필드의 철회된 논문에서 시작된 백신-자폐증 연결설은 반백신 운동의 불을 지폈고, 코로나 팬데믹은 그 불씨를 거대한 들불로 키웠다. "백신 안에 마이크로칩이 들어 있다", "빌 게이츠가 인류를 통제하려 한다", "코로나는 계획된 전염병이다" 등의 주장이 다큐멘터리, 페이스북, 유튜브 영상을 통해 수억 명에게 도달했다. 같은 주장이 빠르게 반복해서 퍼지며 믿음은 더욱 강해졌고, 과학적 권위는 점점 허물어졌다.

기술 자체가 불안의 대상이 되기도 했다. 5G 전파가 코로나를 전파한다는 주장은 일부 유럽 국가에서 실제 통신탑 방화로 이어졌다. 하늘을 가로지르는 비행운은 이제 단순한 기상 현상이 아니라 '화학물질 살포의 흔적'으로 의심받았다. 유전자 조작 식품은 '인류 통제 실험'으로 해석됐다. 급기야는 디지털 시대에 평평한 지구설까지 되살아났다.

하지만 이 시대 음모론이 모두 허구는 아니었다. 미 국가안보국(NSA) 대규모 감시 시스템은 에드워드 스노든의 폭로를 통해 사실로 드러났다. 정부와 기업이 우리 데이터를 어떻게 수집하고 조작하는지를 알게 된 시민들은 더 이상 '과도한 의심'이라는 말을 쉽게 받아들이지 않게 됐다. 스마트폰과 앱, 음성 인식 기능 하나하나가 '감시 기계'로 인식되기 시작했다.

미국에서 등장한 큐어넌은 음모론이 현실 정치와 어떻게 연결되는지를 극적으로 보여준 사례다. '딥스테이트'와 싸우는 '비밀의 영웅들'이라는 설정은 하나의 신앙 체계처럼 퍼졌다. 2021년 1월 미국 의회에 실제로 난입한 사람들 중 다수가 그 신념을 공유하고 있었다(큐어넌과 의회 난입 사건은 6장에서 좀 더 자세하게 다룬다).

이렇듯 21세기의 음모론은 디지털 구조 속에서 진화하고 있다. 정보는 넘쳐나지만 진실은 희미해졌다. 과학과 제도에 대한 불신, 정치적 양극화, 경제적 불평등이 토양이 됐고, 사람들의 스마트폰 속과 머릿속 깊숙이 음모론이 뿌리를 내렸다.

UFO 신화는
어떻게 만들어졌나

1980년대 미국 네바다 사막의 한 외딴 술집. 당시 미 공군 정보장교 리처드 도티Richard Doty 대령이 술집 주인에게 비행접시처럼 생긴 물체의 사진을 건넸다. 사진은 곧 벽에 게시됐고, 외계 기술을 미군이 몰래 시험하고 있다는 소문이 퍼졌다. 사진은 조작된 것이었다. 도티 대령은 수십 년 후 이 사진이 허위정보 유포 작전의 일환이었음을 시인했다. 작전의 목적은 극비 스텔스 전투기 F-117 나이트호크를 감추기 위한 것이었다. 관련 사실은 2023년 미 국방부 산하 AARO 조사에서도 밝혀졌다. AARO 발표 내용은 다소 충격적이다. 외계인 은폐론 중 일부는 단순한 음모가 아닌 실제 군 내부에서 퍼뜨린 허위정보였다는 사실이 드러났다. 군이 비밀 프로젝트를 숨기기 위해 외계 존재에 대한 소문을 오히려 키운 것이다. 장교들에게 가짜 브리핑을 하고 UFO에 관한 문서를 일부러 유출했다. 심지어 신입 장교들에게는 반중력 기체에 대해 허위 설명을 하기도 했다. 마치 신고식처럼 진행된 이 브리핑은 장교들의 충성심을 시험하거나, 심지어 그들까지 속이기 위한 것이었다.

넘쳐나던 UFO 목격담 뒤에는 미국의 핵무기나 신무기 시험이 있었다. 1967년 몬태나주 맬름스트롬 공군기지의 핵미사일 격납고 근처에서 붉은빛 타원형 물체가 떠 있었다는 증언이 있었다. 당시 로버트 살라스Robert Salas 대위가 목격한 사건으로 해당 내용은 2023년 AARO 조사팀의 공식 인터뷰 기록과 살라스 본인의 회고록에서 확인된다. 그런데 실제로는 전자기 펄스EMP 실험이었다. 이 실험은 소련의 공격을 시뮬레이션하기 위한 극비 프로젝트였고, 참가자들은 그 실체를 전혀 몰랐다. 외계인이 핵무기를 마비시켰다는 믿음은 여기서 비롯됐다.

전 AARO 초대 국장이자 미사일 및 우주 정보 센터 수석 과학자였던 숀 커크패트릭 박사Dr. Sean Kirkpatrick와 같은 과학자들이 주도한 2023년 『AARO 역사 기록 보고서 제1권』은 많은 UFO '신화'들을 해체하고 있다. 그는 조종사들의 UFO 목격 사례 대부분이 드론, 풍선, 심지어 스타링크 위성의 반사광 때문이라는 사실을 밝혀냈다. 그럼에도 불구하고 군 내부의 비밀 유지 문화는 여전히 견고하다. 일부 장교는 외계인 프로젝트에 대한 브리핑을 받고 처형 위협까지 들었다고 증언했다.

이렇게 진실과 허위가 뒤섞인 상황은 음모론의 가장 비옥한 토양이다. UFO 신화의 중심에는 과학이나 외계인이 아닌, 인간의 공포, 군의 전략, 그리고 정보의 빈틈이 자리하고 있다.

5

폭력과 분열을
부르는 음모론

지도자가
음모론을 믿을 때

이제 음모론은 더 이상 사회의 주변부에만 존재하는 것이 아니다. 오늘날에는 국가의 최고 권력자들이 음모론을 직접 언급하고 있다. 이러한 현상은 단순한 정보의 왜곡을 넘어, 민주주의 근간을 흔드는 심각한 위협으로 작용한다.

전통적으로 음모론은 정보 소외 계층이나 극단주의자들 사이에서 유통되는 것으로 여겨졌다. 그러나 21세기 들어 대통령, 국회의원, 장관 등 지도자들이 음모론적 주장을 공식적으로 언급하면서 그 주장은 국가적 권위를 등에 업고 있다. 2020년 미국 대선에서 도널드 트럼프 대통령은 근거 없이 선거 조작설을 주장했고, 2024년 한국에서는 윤석열 대통령이 부정선거 음모론을 근거로 비상계엄을 시도했다. 이러한 사례는 음모론이 권력과 결합할 때 단순한 착오가 아닌, 의도적 선동이 될 수 있음을 보여준다. 이른바 '음모론의 권력화'다.

음모론의 권력화는 일반적으로 세 가지 단계를 거친다. 첫째, 기존 제도와 그 생산물에 대한 의심을 확산하는 '의심 심기'다. 둘째, 지도자 자신의 발언이나 지지 매체를 통해 '대안적 현실'을 구성하는 '대안적 정보원의 권위화'다. 셋째, 이러한 의심과 불신이 제도의 합법성과 권위를 약화하는 '제도의 무력화'다.

리처드 호프스태터Richard Hofstadter는 1964년 저서 『편집증적 정치 스타일The Paranoid Style in American Politics』에서 미국 보수 정치가 음모론을 활용해 대중 동원을 시도한 과정을 분석했다. 그의 분석 이후 수십 년이 흐른 지금 음모론은 더 이상 비주류의 전유물이 아니다. 오히려 권력 중심부에서 전략적으로 생산되고, 유튜브와 SNS 등을 통해 하향식으로 대중에게 주입되고 있다.

오늘날 권력자들은 '의문 제기'라는 형식을 통해 음모론을 전파한다. "나는 단지 의문을 제기할 뿐이다"라는 표현은 책임을 회피하면서도 의심을 심는 효과적 전략이다. 또 "곧 진실이 밝혀질 것이다", "우리만 알고 있는 사실이 있다"와 같은 표현은 추종자들에게 특권적 지위를 부여하는 효과가 있다.

소셜미디어 발달은 이러한 정보의 수직적 유통을 더욱 효과적으로 만들었다. 권력자는 미디어의 필터링 없이 직접 대중과 소통하며 그들의 발언은 즉각적으로 확산된다. 트위터(현 X)는 트럼프, 일론 머스크 등 권력자들이 검증되지 않은 주장을 대중에게 직접 전달하는 중요한 통로가 됐다.

한국에서도 2022년 이후 권력자들이 공식 석상에서 '적폐 청산', '내부의 적', '종북 세력' 등 음모론적 프레임을 사용하는 빈도가 급증했다. 단순한 수사적 표현이 아니라, 정치적 반대자를 '국가의 적'으로 규정하여 민주적 경쟁을 무력화하려는 시도로 볼 수 있다.

　지도자가 음모론을 믿을 때 그것은 단순한 인식 오류라고 할 수 없다. '진실'을 권력의 도구로 삼아 대중을 설득하고 행동을 조직하려는 시도라고 봐야 한다. 진실인지 여부보다 대중을 '어떻게 믿게 만들 것인가'가 중요해진다. 이 과정에서 정치적 사실은 '감정의 공명'으로 뒤바뀐다.

　때로는 그 지도자 본인이 특정 음모론을 실제로 믿고 있을 가능성도 있다. 이런 현상은 두 가지 심리적 요인으로 설명할 수 있다.

　우선 '인지적 폐쇄성cognitive closure'이다. 권력을 가진 지도자일수록 비판적 의견보다 자신을 지지하는 사람들의 정보만 듣는 경우가 많다. 이른바 '정보 거품' 속에서 지도자는 현실과 점점 동떨어진 신념을 강화하게 된다. 이는 음모론적 세계관을 형성하기에 매우 유리한 환경이다. 누군가 곧바로 연상되는 인물이 있지 않은가.

　다음은 '나르시시즘적 취약성narcissistic vulnerability'이다. 많은 포퓰리스트 지도자들은 자아존중감이 매우 강하면서도 동시에 쉽게 상처받는다. 이들은 선거 패배나 여론의 비판을 단순한 정치적 평가가 아닌 개인적 모욕이나 음모로 해석한다. "나는 진 게 아니라 빼앗긴 것이다"라는 식의 음모론이 자아를 방어하는 역할을 하게 된다. 재선 도전에 실패했던 도널드 트럼프가 대표적인 경우다.

　그렇다고 이러한 심리가 지도자의 책임을 줄여주는 근거가 되지는 않는다. 민주주의 체제에서 지도자는 단순한 개인이 아니라 공동체의 규칙과 질서를 대표하는 존재이기 때문이다.

지도자가 음모론을 유포하면 그 결과는 매우 심각하다. 사회 전체가 혼란에 빠지고, 신뢰는 무너진다. 정보는 선동으로 바뀌고, 신념은 폭력으로 이어지며, 시민은 서로를 적대하는 전사로 변하게 된다. 12·3 비상계엄과 서부지법 폭동 그리고 윤석열 탄핵을 둘러싼 찬반 양측의 극단적 대결 구도는 이를 단적으로 보여줬다.

피해는 크게 세 가지 측면에서 나타난다. 첫째는 인식적 피해다. 사실과 거짓의 구분이 흐려지고, 공론장에서 '진실'에 대한 공통의 기준이 사라진다. 둘째는 제도적 피해다. 선거, 언론, 사법기관에 대한 신뢰가 추락하고, 사회의 규칙이 더 이상 통하지 않게 된다. 셋째는 사회적 피해다. 시민들 사이의 분열이 깊어지고, 공동체적 연대는 약화되며, 정치적 폭력이 일상화된다. 이럴 때 가장 중요한 것은 민주주의의 기본 원칙을 지키기 위한 시민사회와 언론, 정치권의 공동 노력이다. 정치와 결합한 음모론에 대한 제도적·문화적 방어 전략도 필요하다.

먼저 제도적으로는 독립적인 선거 관리 시스템, 투명한 언론 시스템, 정치 개입을 배제한 사법 체계를 강화해야 한다. 정치권력으로부터 거리를 둔 이러한 제도들은 음모론적 선동이 국민에게 직접 영향을 미치지 않도록 보호막을 제공한다.

교육적 대응도 필요하다. 학교 교육뿐 아니라 성인을 위한 미디어 리터러시 교육이 강화돼야 한다. 음모론의 구조와 심리, 그 폐해에 대해 시민들이 스스로 판단하고 대처할 수 있어야 한다.

마지막으로 문화적 접근이 중요하다. 다양성을 존중하면서도 기본적인 사실에 대한 사회적 합의를 추구하는 문화, 증거와 근거를 존중하는 정치 문화를 만들어가는 일이 필요하다. 이 과정은 쉽지 않지만, 민주주의를 지속 가능하게 만드는 근본 조건이다.

지도자가 음모론을 믿고 유포한다는 것은 단순히 개인의 문제가 아니다. 그것은 권력이 사실을 조직하는 방식이며, 공동체의 질서와 신뢰를 흔드는 행위다. 민주주의가 이를 막기 위해서는, 제도적 방어와 함께 시민의 성찰적 의식이 필수적이다. 우리가 싸워야 할 대상은 특정 인물이 아니라 '거짓이 무기화되는 구조'다. 그 구조에 저항하는 가장 강력한 힘은 결국 깨어 있는 시민의 공동 책임이다.

포퓰리즘과 음모론,
위험한 동맹

음모론은 포퓰리즘 정치와 결합하기 쉬우며, 이 경우 하나의 정치 전략이자 동원 수단으로 작동한다. 포퓰리즘은 '순수한 국민'과 '부패한 엘리트' 사이의 대결 구도를 강조하는데, 이 구조는 음모론이 요구하는 기본 틀과 정확히 일치한다.

포퓰리스트 지도자는 자신을 '진실을 말하는 소수'로, 언론과 야당 및 사법기관을 '국민을 속이는 세력'으로 설정한다. 이 과정에서 음모론은 복잡한 현실을 단순한 감정적 이야기로 바꿔 대중의 분노와 불안을 조직화하는 도구가 된다.

이처럼 음모론은 포퓰리즘의 연료이며, 포퓰리즘은 음모론의 확성기 역할을 한다. 두 흐름은 서로를 강화하며 때로는 정치적 폭력과 민주주의 제도 파괴로 이어지기도 한다.

이 관계는 네 가지 층위에서 뚜렷하게 드러난다. 첫째, 담론적 층위다. 포퓰리즘과 음모론은 모두 '우리 대 그들'이라는 이분법을 전제로 하며 대화를 갈등으로 대체한다. 둘째, 정서적 층위다. 분노, 공포,

불안 같은 강한 감정을 자극해 지지자들 결속을 이끌어낸다. 셋째, 정치적 층위다. 기존 제도에 대한 불신을 조장하며 '직접 행동'과 '진정한 국민의 의지'라는 이름으로 제도적 절차를 무시한다. 넷째, 매체적 층위다. 유튜브, 텔레그램, 대안 미디어를 통해 음모론을 신속하게 유통시키고 확산한다.

포퓰리스트 지도자들은 대중을 향해 이렇게 말한다.

"그들은 당신을 속이고 있다." "나는 진실을 말한다." "우리는 내부의 적과 싸워야 한다."

이 말들은 현실을 재구성하고, 시민을 전사로 전환시키며, 민주주의를 '적과의 전쟁'으로 탈바꿈시킨다.

이러한 현상은 철학자 한나 아렌트가 『전체주의의 기원』에서 경고한 '사실의 정치화'와도 맞닿아 있다. 아렌트에 따르면 전체주의는 사실과 거짓의 구분을 무너뜨리고, '유용한 내러티브'만을 인정하는 체제다. 단순한 거짓말과는 다르다. 거짓말은 진실을 전제로 하지만 '사실의 정치화'는 진실 자체의 개념을 해체한다.

21세기 포퓰리스트 지도자들은 소셜미디어와 알고리즘을 통해 이러한 '사실의 정치화'를 더욱 효과적으로 수행한다. 그들은 주류 미디어의 보도를 '가짜 뉴스'로 낙인찍고, 대안적 사실alternative facts을 제시하며, 자신이 '진실의 수호자'임을 자처한다.

한편 거짓의 무기화는 세 가지 핵심 전략을 활용한다.

첫째, '의심의 확산'이다. 모든 정보원에 대한 의심을 심어 결국 '믿을 만한 유일한 출처'는 지도자 자신뿐이라는 결론에 이르게 한다.

둘째, '감정적 진실'의 활용이다. 사실보다 '그럴듯함'이나 '감정적 공감'을 강조해 객관적 검증보다 주관적 신념을 중시하게 만든다.

셋째, '반복의 전략'이다. 거짓이라도 반복되면 진실처럼 느껴지는 '진실의 착각' 효과를 활용한다.

당연한 결과지만 디지털 시대에는 이러한 전략이 더욱 효과적으로 작동한다. 알고리즘은 사용자의 확증 편향을 강화하고, 반향실은 동일한 메시지의 반복적 노출을 가능하게 만든다. 그러면서 객관적 사실과 주관적 신념의 경계는 더욱 모호해진다.

브라질의 자이르 보우소나루 전 대통령이 이런 공생 구조를 보여준 대표적 인물이다. 그는 '전자투표 조작설'을 퍼뜨렸고, 그에 따라 2023년 1월 지지자들은 정부 청사를 점거하고 군부 개입을 요구했다. 민주주의의 가장 기본적인 원칙인 '선거를 통한 평화적 권력 이양'이 음모론으로 무너지는 순간이었다.

한국의 정치 환경 역시 이런 위험을 내포하고 있다. 분단 구조와 안보 불안, 강한 이념 갈등은 음모론이 쉽게 퍼질 수 있는 조건을 제공한다. "중국이 선거에 개입했다", "종북 세력이 정부를 장악했다"는 식의 주장은 정당 간 경쟁을 넘어 정치적 반대자를 '국가의 적'으로 규정하는 극단적 논리로 이어질 수 있다.

다음 두 챕터에서 정치적으로 악용된 음모론이 어떻게 폭력으로 나타나는지 구체적으로 살펴보자.

폴 펠로시 공격 사건
: 정치, 미디어, 음모론의 삼각 고리

2022년 10월, 미국은 충격적인 사건 하나를 마주했다. 당시 하원의장이던 낸시 펠로시 의원의 남편 폴 펠로시가 자택에서 괴한의 공격을 받았다. 그는 머리를 망치로 가격당해 중상을 입었다. 가해자는 소리쳤다. "낸시는 어디 있지?"

단순한 강도가 아니었다. 우발적으로 들어온 것도 아니다. 그는 분명한 목적을 가지고 펠로시 의원을 찾았다. 그 목적은 정치적인 것이었다.

사건의 진상은 곧 드러나기 시작했다. 범인은 데이비드 드파페. 42세 남성으로 살인미수와 노인 학대, 주거 침입 등 총 여섯 가지 이상의 중범죄로 기소됐다. 경찰은 현장에서 그가 폴 펠로시와 실랑이를 벌이다 망치로 머리를 내리치는 장면을 직접 목격했다고 밝혔다. 폴 펠로시는 두개골 골절 및 팔과 손에 부상을 입고 긴급 수술을 받았다. 다행히 회복했지만 이 사건이 남긴 충격은 쉽게 아물지 않았다.

사건은 2022년 중간선거를 불과 2주 앞둔 시점에 벌어졌다. 당시 미국은 극심한 정치 양극화, 온라인 증오 표현과 허위정보의 확산 등으로 불안정한 상태였다. 민주당과 공화당의 갈등은 점점 더 첨예해졌고 많은 사람들은 정치적 반대를 '적대'로 받아들이기 시작했다.

드파페는 단순한 정치 혐오자가 아니었다. 그는 큐어넌의 음모론 세계관에 몰입해 있었고, 빅테크의 검열에 대한 반감, 반유대주의, 반트랜스젠더 정서를 온라인상에 자주 드러냈다.

놀라운 점은, 그가 과거 히피 문화를 따르고 대마초와 수정 팔찌 같은 뉴에이지 상품을 팔던 인물이었다는 사실이다. 극좌적 성향에서 극우적 신념으로 급격히 전환한 것이다. 이 변화는 단순한 정치적 입장 이동이 아니라, 세계에 대한 인식 자체가 바뀌었다는 것을 보여준다.

"낸시는 어디 있지?"

이는 그저 평범한 말이 아니었다. 2021년 1월 6일 미국 의회 폭동 때도 반복된 문장이었다. 당시 시위대는 펠로시 의원의 사무실을 부수고, 책상을 뒤지고, "그녀를 찾아라!"라고 외쳤다. 그리고 2년 뒤, 같은 말이 실제 물리적 폭력으로 이어진 것이다.

이런 반복은 우연이 아니다. 이것은 상징에서 행동으로, 말에서 무기로 이어지는 전형적인 패턴을 보여준다. 언어는 처음엔 농담이었고, 다음엔 밈이었으며, 마지막에는 지령처럼 작용했다. 전문가들은 이런 현상을 '확률론적 테러리즘stochastic terrorism'이라고 부른다. 명확한 지시나 조직이 없어도 온라인상의 증오 담론이 특정 성향의 사람들을 자극하고, 누군가가 실제로 폭력 행동에 나서는 구조다.

드파페의 사례는 전형적이다. 그는 온라인 커뮤니티를 통해 큐어 넌을 접했고, 거기서 '악마 숭배자들이 아이를 납치해 고문한다'는 이 야기를 믿게 된다. 그 이야기에서 낸시 펠로시는 그 악의 집단의 핵심으로 묘사됐고, 결국 그는 '정의'를 실현하기 위해 행동에 나섰다.

드파페 사건은 온라인 커뮤니티, SNS, 뉴스채널, 여기에 정치인 발언이 얽히며 하나의 폭력 구조를 만들어내는 현실을 보여주고 있다. 특히 큐어넌은 이 구조에서 '이야기' 역할을 했다. 이를 단지 '한 사람의 일탈'로 볼 수 없는 이유다. 드파페는 혼자 행동했지만, 결코 홀로 만들어진 사람이 아니다. 그는 수많은 콘텐츠, 밈, 음모론 영상, 정치적 수사에 반복적으로 노출되며 변해왔다. 그 변화는 사회적이고 구조적인 현상이다. 그렇기에 '한 사람의 문제'로 축소해서는 안 된다. 우리가 만들어낸 시스템, 우리가 방치한 플랫폼, 우리가 무심코 반복 한 말들의 결과물이다.

이처럼 음모론은 도덕적 구호를 흉기로 바꾸는 강력한 장치다. 사람들은 자신이 폭력을 저지르는 것이 아니라, 무언가를 '지키는 것'이 라고 느낀다. 한국에서 12·3 계엄 이후 벌어졌던 서부지법 폭동 사건 이나 미국의 의회 난입도 그런 경우다.

2021년 미국 의회 경찰 발표에 따르면 그해에만 의원을 향한 위협 신고는 무려 9600여 건에 달했다. 2017년에 비해 세 배 이상 증가한 수치다. 정치인은 단지 비판의 대상이 아니라, 물리적 위협의 대상이 되고 있다.

한국도 예외는 아니다. 최근 들어 정치인에 대한 위협과 테러가

눈에 띄게 늘고 있다. 2022년 3월 7일 송영길 당시 더불어민주당 대표가 대선 유세 중 서울 신촌에서 쇠망치에 머리를 맞는 피습을 당했다. 이 범인은 정치적 동기에서 범행을 저질렀다고 밝혔다.

2024년에는 여야를 가리지 않고 연달아 정치인이 공격당하는 상황이 발생했다. 1월 2일 이재명 더불어민주당 대표는 부산 가덕도 방문 중 60대 남성에게 흉기로 목 부위를 찔렸다. 긴급 수술 후 생명에는 지장이 없었지만 살인미수 혐의로 기소된 범인은 징역 15년을 선고받았다. 같은 달 25일에는 국민의힘 배현진 의원이 서울 강남에서 한 중학생에게 돌로 머리를 20차례 이상 가격당했다. 물리적 테러 외에도 온라인 협박은 급증하는 추세다. 2024년 초 정치인을 향한 살해 예고와 폭파 협박이 인터넷 커뮤니티와 SNS를 통해 무분별하게 확산됐고 경찰은 실제로 수십 명을 검거했다. 온라인상의 증오 담론이 현실로 나타나고 있다.

결국 반복되는 정치적 테러는 우리 모두에게 정치적 음모론을 계속 방치할 것인지, 아니면 더 나은 말, 더 책임 있는 정치, 더 안전한 공론장을 만들 것인지를 묻고 있다.

피자게이트,
거짓이 진짜 비극을 부르다

정치 음모론 중 비극적 결말로 이어진 가장 유명한 사례가 피자게이트이다. 폴 펠로시 사건보다 훨씬 전인 2016년, 미국 대선을 앞두고 인터넷에서 이상한 소문이 퍼지기 시작했다. 수도 워싱턴 D.C.에 있는 한 피자가게가 아동 성매매 조직의 본거지이며, 민주당 대선 후보 힐러리 클린턴과 참모진이 그 배후라는 주장이다. 그 가게의 이름은 '코멧 핑퐁Comet Ping Pong'. 소문은 곧 '피자게이트Pizzagate'라는 이름으로 불리며, 수많은 온라인 커뮤니티를 달구기 시작했다.

음모론의 시작점은 위키리크스가 공개한 민주당 선거운동본부장 존 포데스타John Podesta의 이메일이었다. 일부 네티즌들이 이메일에서 '피자', '핫도그', '치즈' 같은 단어들이 아동 성착취를 의미하는 은어라고 주장했다. 포챈4chan, 레딧Reddit 등 온라인 커뮤니티에서는 이를 뒷받침하는 '단서' 찾기가 이어졌다. 일부 유튜버와 블로거 들은 거기에 '비밀 지하실', '감금실' 같은 상상을 덧붙였다. 이 주장은 전혀 사실이 아니었다. 경찰과 주류 언론은 여러 차례 철저한 조사를 통해 음모론을 부정했다.

그런데 거짓 이야기는 현실의 충격으로 이어졌다. 2016년 12월 4일 노스캐롤라이나주에서 온 28세 남성 에드거 매디슨 웰치는 AR-15 반자동 소총과 권총을 차량에 싣고 350km 떨어진 워싱턴 D.C.로 향했다. 목적지는 바로 코멧 핑퐁이었다. 인터넷에서 본 '진실'을 직접 확인하겠다고 나선 것이다. 그는 가게 문을 열고 들어와 총을 꺼내 들었다. 레스토랑 내부에 있던 손님들은 혼비백산했고 몇 발의 총성이 울렸다. 다행히 인명 피해는 없었다. 웰치는 경찰에 체포된 후 "아이들을 구하려 했다"고 진술했다. 사건 후에는 자신의 행동이 잘못된 것이었다며 후회했다. 웰치는 무기 소지와 위협 행위 등으로 기소됐다. 케탄지 브라운 잭슨 판사는 웰치에게 징역 4년을 선고했고 그는 2020년 5월 형기를 마친 뒤 출소했다.

이야기는 여기서 끝나지 않았다. 2025년 1월 4일 웰치는 고향인 노스캐롤라이나주 캐너폴리스에서 경찰의 교통 정지 요청을 받았다. 체포를 시도하던 경찰을 향해 그가 갑자기 권총을 꺼내 들자 경찰은 총격을 가했다. 웰치는 중태에 빠졌고, 이틀 후 사망했다.

이 사건은 단순한 개인의 비극으로만 보기 어렵다. 웰치는 피자게이트라는 근거 없는 음모론에 깊이 빠졌었다. 그는 자신이 '정의의 행동'을 한다고 믿었고 인터넷에서 본 정보를 사실이라고 확신했다. 결과적으로 그는 두 번 총을 들었다. 그리고 그 믿음은 사람들 생명을 위협했고, 결국엔 자신의 목숨까지 앗아갔다.

신념이 무기가 될 때
: 음모론과 정치 폭력

음모론은 본질적으로 '적'의 존재를 전제로 한다. '적'은 사회를 조종하는 엘리트, 공산주의자, 유대 자본가, 간첩, 딥스테이트 등 다양한 이름으로 불리지만 핵심은 우리 삶을 파괴하려는 악의 세력이라는 인식이다. 이러한 전제가 사회에 뿌리내리면 음모론은 단순한 인식 체계를 넘어 정의로운 저항을 정당화하는 도구가 된다.

정치적 폭력은 항상 명분이 필요하고, 음모론은 명분을 제공한다.

예를 들어 "나는 공격하지 않는다. 방어할 뿐이다", "그들이 먼저 전쟁을 시작했다", "지금 침묵하면 내일은 자유가 없다"와 같은 서사는 정치적 적대감과 공포를 결합해 행등을 도덕적으로 정당화한다. 그 결과 총을 드는 행위마저 단순한 폭력이 아니라 '신념을 실천하는 것'으로 여겨지며 정당화된다.

음모론이 제공하는 세계관은 복잡한 현실을 선과 악의 이분법적 구도로 단순화한다. '우리'는 순수한 희생자이며 '그들'은 절대적 악으로 규정된다. 이러한 인식 구조는 민주주의의 기본 원칙인 타협과 공존을 불가능하게 만든다. 같은 공동체 안에서의 경쟁이 아닌 생존을 위한 투쟁이라는 프레임을 형성한다.

그럼 음모론은 언제 폭력으로 전환되기 쉬운가? 다음과 같은 조건이 필요하다.

첫째, 정치 체제의 정당성 위기다. 제도에 대한 신뢰가 약화할수록 음모론적 서사가 힘을 얻는다. 정부나 언론이 신뢰를 상실한 환경에서는 공식 설명보다 대안적 설명이 더 설득력을 갖게 되는 이치다.

둘째, 폐쇄된 정보 환경이다. 반론 없는 공간에서 동일한 정보가 반복될수록 신념은 강화된다. 알고리즘에 의해 만들어진 필터 버블 속에서 사람들은 자신의 신념을 강화하는 정보만 소비하게 된다.

셋째, 지도자의 방조 또는 조장이다. 공동체의 리더나 영향력 있는 인사가 극단적 행동에 대해 명확한 선을 긋지 않을 때 극단적 행동은 암묵적으로 용인된다.

넷째, 행동의 신호다. "이제 행동할 시간이다"라는 명확한 암묵적 지시가 필요하다. 이런 신호는 종종 위기 상황이나 마지막 기회라는 프레임으로 제시된다.

다섯째, 집단 정체성의 위협이다. 자신이 속한 집단의 정체성이나 문화적 가치가 위협받고 있다는 인식은 방어적 폭력을 정당화하는 강력한 요인이 된다.

이러한 조건이 결합할 때 음모론은 '정치적 상상'에서 '정치적 실천'으로 진화한다. 그리고 그 실천은 종종 '무력 저항', '폭력 시위', '제도 파괴'의 형태로 나타난다.

　미국 텍사스 대학교 조지프 우신스키 연구팀은 2023년 발표한 대규모 여론조사에서 음모론 신념과 정치 폭력 지지 간의 직접적 연관성을 실증적으로 밝혔다. 예를 들어 "선거가 조작되었다"라는 믿음을 가진 사람일수록 "무력 봉기가 필요하다"라는 주장에 찬성하는 비율이 두 배 이상 높았다. 또한 큐어넌 신봉자의 42%는 '정치 체제를 바꾸기 위해 폭력도 필요할 수 있다'는 진술에 동의했다. 이는 단순한 정보 오류가 아니라 정치적 위험 요소로서 음모론의 성격을 보여준다.

　2021년 미국 국회의사당 폭동 참가자들에 대한 연구에서는 참가자의 약 73%가 하나 이상의 음모론을 강하게 신봉하고 있었다. 특히 '딥스테이트'와 '대체 이론'에 대한 믿음이 강한 것으로 나타났다. 이들 중 상당수는 자신의 행동을 "애국적 의무"로 인식했다.

　2022년 유럽연합EU의 연구에 따르면 극단적 음모론자(전체 인구의 약 8%)는 일반 시민보다 정치적 폭력을 용인할 가능성이 4배나 높았다. 특히 "글로벌 엘리트가 국가 주권을 파괴하고 있다"는 믿음과 폭력 용인 간에는 강한 상관관계가 있었다.

　한국에서도 최근 몇 년간 음모론에 기반한 폭력 위협이 증가하고 있다. 12·3 계엄 당시 일부 유튜버들은 "간첩 색출"을 외치며 시민 체포, 공무원 신상 공개 등을 선동했다. 실제로 국회의원 지역 사무소를 방화하려는 사건이 발생했다. 이러한 경향은 단지 일탈 행위가 아니라 신념의 무장화라는 측면에서 극히 우려스럽다. '정치적 분노'가 아니라, '신념적 정의감'이라는 감정이 폭력의 연료로 작동하고 있기 때문이다.

한국 사회에서 나타나는 또 다른 특징은 온라인 커뮤니티에서 시작된 음모론이 오프라인 행동으로 빠르게 전환되고 있다는 점이다. 특히 정치적 양극화가 심화하면서 상대 진영에 대한 '악마화'는 잠재적 폭력의 정당화 근거가 되고 있다. 최근의 여론조사에 따르면 정치적 이념이 다른 상대방을 '국가의 위협'으로 인식하는 비율이 5년 사이 2배 증가했다.

지역 갈등과 세대 갈등이 중첩되는 한국의 현 상황에서 음모론은 기존의 사회적 균열을 더욱 심화하는 촉매제 역할을 하고 있다. "기성세대가 젊은 세대의 미래를 훔쳤다" 또는 "특정 지역은 국가 자원을 독점한다"와 같은 서사는 집단 간 적대감을 심화하는 토대가 된다.

디지털 기술의 발전은 음모론의 생산과 유통 방식을 근본적으로 변화시켰다. 과거의 음모론이 주로 비공식 네트워크를 통해 느리게 확산했다면 현대의 음모론은 알고리즘을 타고 기하급수적으로 전파된다.

딥페이크와 같은 인공지능AI 기술의 발전은 음모론의 '증거'를 제조하는 것을 더욱 쉽고 편리하게 만들었다. 이는 "보는 것이 믿는 것"이라는 인식론적 전제를 위협하며 진실과 허구의 경계를 모호하게 만든다. 또한 인터넷은 개인들이 국경을 초월해 유사한 음모론적 신념을 가진 사람들과 연결될 수 있는 공간을 제공한다. 이는 지역적 음모론이 초국가적 현상으로 확장되는 결과를 낳고 있다.

음모론이 정치 폭력으로 이어지지 않도록 하기 위해서는 사회 전반의 노력이 필요하다. 민주주의는 단지 선거를 치르는 절차가 아니라 공통의 현실과 기본적인 규칙을 공유하는 사회적 약속이다. 약속이 파괴되면 시민은 서로를 경쟁자가 아닌 적으로 보기 시작하고, 타협 대신 제거를 목표로 삼게 된다.

중요한 것은 음모론을 단순한 인터넷 유행이나 괴담으로 치부하지 않는 태도다. 그것은 다가오는 위험의 전조이며 사회적 스트레스가 폭발할 조짐일 수 있다. 정치, 언론, 교육, 기술 플랫폼 모두가 이 현상을 심각하게 인식하고, 상호 협력적 방식으로 대응할 수 있어야 한다.

정치의 역할은 정쟁이 아니라 공론장 회복에 있다. 언론의 역할은 양비론이 아니라 사실에 근거한 서사 구성이다. 교육의 역할은 정보 전달이 아니라 비판적 사고를 훈련시키는 데 있다. 기술 플랫폼의 역할은 사용자의 참여를 극대화하는 대신, 사회적 해악을 줄이도록 알고리즘을 설계하는 방향으로 전환돼야 한다. 그리고 우리는 질문해야 한다.

"우리는 어떤 믿음을, 어떤 사회를, 어떤 민주주의를 선택할 것인가?"

6

국가를 뒤흔드는 음모론

한국 12·3 계엄 사태
: 음모론이 촉발한 최초의 쿠데타

2024년 12월 3일 밤 10시 27분 윤석열 당시 대통령은 전국 단위의 비상계엄을 선포했다. 이는 1980년 5월 17일 이후 44년 만이자 제6공화국 이후 처음으로 전국에 계엄령이 발효된 사례다. 당시 대통령은 "국회가 헌정 질서를 위협하고 국가 기능을 마비시켰다"라는 주장을 근거로 제시했지만, 헌법상 계엄 요건인 대규모 재난이나 무력 침공은 존재하지 않았다.

계엄 포고령 제1호는 국회의 입법 활동 정지, 정당 활동 중단, 언론·출판 통제, 의료인 복귀 명령, 집회 금지 등 강력한 조치를 포함하고 있었다. 특히 영장 없이 체포·구금이 가능하다는 조항까지 포함돼 사실상 기본권을 정지시키는 포고령이었다. 또한 군 병력이 국회의사당, 중앙선거관리위원회, 주요 언론사와 데이터센터 등에 투입됐다.

이 계엄령의 배경에는 안보 위협이 아니라 디지털 기반 음모론이 있었다. 2024년 총선을 전후로 유튜브와 텔레그램, 일부 커뮤니티에서 '부정선거 음모론'이 번졌다. QR코드 조작, 선관위 시스템 해킹,

중국 서버 경유설, 북한 사이버 개입설 등 다양한 주장이 근거 없이 떠돌았으며 자극적인 썸네일과 편집으로 꾸민 영상이 널리 퍼졌다.

특히 여당인 국민의힘이 총선에 패배한 이유가 부정선거 때문이라는 주장이 여당 지지자들 사이에서 돌았고, 이 과정에서 일부 대통령 참모들은 '온라인 민심'이라는 명분으로 이런 정보를 보고했다. 대통령 본인도 유튜브 콘텐츠를 직접 시청한 것으로 알려졌다. 국가정보원이 선관위를 조사한 후 "해킹 흔적은 없다"라는 보고서를 제출했으나 대통령실은 이 보고서보다 유튜브 영상을 더 신뢰했다. 결국 일부 유튜브 콘텐츠가 계엄령 회의 자료로 사용되었다는 사실이 국정조사 과정에서 확인됐다. 이는 디지털 정보 생태계가 어떻게 국정 결정에 영향을 끼칠 수 있는지를 보여주는 대표 사례라 할 수 있다.

계엄 선포 직후 국회는 긴급 본회의를 소집하여 계엄 해제 결의안을 통과시켰다. 당시 군 병력이 국회의사당을 통제했지만, 국회의원들은 지하 통로와 외곽 담장을 넘어 진입에 성공했다. 본회의장에서는 재석 의원 전원의 찬성으로 계엄 해제안이 의결됐다.

시민사회도 즉각 반응했다. 서울광장, 광주 금남로, 부산 서면 등에서는 자발적 촛불 시위가 벌어졌고, 전국 대학 총학생회와 직능 단체 들도 시국선언과 농성에 나섰다. 특히 의료인들은 복귀 명령에 대해 "정치적 병력화에 동원될 수 없다"라며 거부 입장을 밝혔다.

국제적인 파장도 컸다. 미국과 EU, 일본 등 주요 우방국은 "한국의 민주주의가 심각한 도전에 직면했다"라며 강한 우려를 표명했다. 유엔 인권이사회는 공식 질의서를 보내 언론 자유와 정치 탄압 의혹에 대한 해명을 요구했으며, 국제 언론은 이번 사태를 '디지털 기반의 쿠데타 시도'라는 맥락으로 보도했다. 미국은 한국과의 연합훈련을 일시 중단했고, 글로벌 신용평가사는 한국의 정치 불안정성을 이유로 국가 신용등급 전망을 하향 조정했다.

결국 음모론에 근거한 계엄령은 대가를 치렀다. 국회는 헌정 질서를 위협한 행위에 대한 책임을 물어 2024년 12월 14일 윤석열 대통령에 대한 탄핵소추안을 통과시켰고, 2025년 4월 4일 헌법재판소는 재판관 전원 일치로 대통령 파면을 선고했다. 하지만 이 사건은 국민들 사이의 분열을 더 깊게 했고, 한국 민주주의의 취약함을 드러냈다.

12·3 계엄령 사태는 한국 사회에 큰 충격과 함께 교훈을 남겼다. 알고리즘 기반의 정보 왜곡이 실제 정치 결정에 영향을 줄 수 있다는 게 분명해졌다. 또한 헌법 질서는 한 번의 위기에도 심각하게 흔들릴 수 있으며, 이를 막기 위한 시민 감시와 제도적 방어 장치가 필수적이라는 점을 상기시켰다. 민주주의는 한 번 수립되었다고 영원히 유지되는 제도가 아니다. 디지털 정보 환경에서 음모론이 국가 권력과 맞닿을 때 어떤 결과가 초래될 수 있는지를 똑똑히 보았으니, 이에 대응할 방안에 대해서도 앞으로 고민이 필요할 것이다.

서울서부지법 폭동
: 사법부를 향한 물리적 위협

2025년 1월 19일 새벽, 서울 마포구에 위치한 서울서부지방법원(서부지법)에서 대한민국 사법부 역사상 유례없는 폭력 사태가 발생했다. 당시 윤석열 대통령에 대한 구속영장 발부에 반발한 일부 극우 성향 집단이 조직적으로 법원 건물에 난입했고, 이들은 사법부를 대상으로 물리적 공격을 감행했다. 이 사건은 법치주의와 사법 독립성에 대한 도전으로 받아들여졌다.

이 사태는 윤 전 대통령이 2024년 12월 선포한 비상계엄과 관련해 내란 혐의로 고위공직자범죄수사처(공수처)의 조사를 거부한 가운데 발생했다. 공수처는 체포영장을 신청했고, 2025년 1월 18일 서부지법 차은경 부장판사가 구속영장을 발부했다. 같은 날 저녁부터 지지자들이 법원 주변에 집결했고, 일부는 정문과 후문을 통해 청사 내부로 침입했다.

시위대는 법원 내 판사 사무실, 민원실, CCTV 관제실 등에 무단 침입해 기물을 훼손하고 소화기를 분사하는 등 혼란을 일으켰다. 일부는 차 부장판사의 집무실을 찾으려 했으며, 방화를 시도한 사례도 보고됐다. 경찰 50여 명이 다쳤고, 86명이 현장에서 체포됐다.

이 사건의 기저에는 디지털 플랫폼을 통한 조직적 선동이 있었다. 유튜브, 텔레그램, 카카오톡 오픈채팅 등에서 "판사는 국민의 적", "정의는 우리가 실현해야 한다"는 식의 선동 메시지가 확산됐다. 폐쇄형 채팅방을 통해 법원 구조도와 경찰 배치 정보까지 공유된 것으로 확인됐다.

윤 전 대통령은 공식적으로 폭력을 지지하지 않는다는 입장을 표명했지만 SNS를 통해 "국민의 억울하고 분노하는 심정은 충분히 이해"한다는 메시지를 남겼다. 이는 지지자들의 행동에 정당성을 부여하는 효과를 가져왔다.

이 사태는 무엇보다 디지털 정보 생태계의 구조적 취약성을 다시금 부각했다. 텔레그램 등 해외 기반의 암호화 메신저는 수사 협조에 소극적인 태도를 보였으며, 그로 인해 주도자 파악에 상당한 어려움이 따랐다. 카카오톡 오픈 채팅의 준 익명성은 과격한 발언과 행동 지시를 가속화했고, 유튜브 알고리즘은 자극적 콘텐츠를 반복적으로 노출해 사법부에 대한 불신을 극대화했다. 이 사건은 표현의 자유와 제도적 질서 사이에서 디지털 시대의 민주주의가 직면한 균형의 한계를 분명히 보여줬으며, 민주주의는 물리적 공격뿐 아니라 정보 왜곡과 온라인 선동에도 취약할 수 있음을 확인해주었다.

서울서부지법 폭동은 더 이상 예외적 사건이 아니다. 디지털 플랫폼이 정치 감정과 결합할 때 얼마나 빠르게 집단행동으로 이어질 수 있는지를 보여주는 사례다. 브라질이나 미국과 같은 해외 사례에서 보듯 이는 전 세계 민주주의 국가들이 함께 풀어야 할 공동 과제다.

미국 1·6 의회 난입 사건
: 'Big Lie'가 어떻게 제도를 공격했나

한국만이 아니다. 음모론으로 인한 정치 제도 공격은 미국에서 먼저 일어났다. 2021년 1월 6일 워싱턴 D.C. 국회의사당이 시위대에 의해 점거되는 초유의 사태가 발생했다. 당시 도널드 트럼프는 2020년 대선 결과를 부정하며 선거가 조작되었다는 주장을 지속적으로 펼쳤다. 그는 패배를 인정하지 않았고, 수천 명의 지지자들이 이 주장을 사실로 받아들이며 국회의사당으로 몰려들었다.

이날은 조 바이든 대통령 당선인의 승리를 공식 인증하기 위한 상·하원 합동회의가 예정돼 있었다. 트럼프 전 대통령은 이날 오전 백악관 앞 집회에서 "우리는 싸울 것이다. 죽도록 싸울 것이다"라고 말하며 지지자들을 극도로 자극했다. 시위대는 트럼프의 발언을 행동 신호로 받아들이고, 물리적 폭력과 점거를 감행했다. 경찰과의 충돌이 이어졌고 시위대는 의원 사무실을 파괴하고 공식 문서를 훼손하는 등 의회 기능을 마비시켰다. 마이크 펜스 당시 부통령은 살해 위협을 받아 긴급 대피했고, 이 과정에서 5명이 사망하고 수십 명이 부상했다.

사건의 중심에는 이른바 'Big Lie(거대한 거짓말)'가 자리하고 있었다. 트럼프 전 대통령은 대선 직후부터 "투표기 조작", "사전투표 위조", "선거 도난" 등을 주장하며 대중의 인식에 영향을 줬다. 이러한 주장이 개인적 발언을 넘어 백악관, 일부 공화당 인사, 우익 언론, 유튜브와 SNS까지 아우르는 복합적 정보전으로 확산되었다. 선거 부정에 대한 60건 이상의 법적 소송이 기각됐지만 많은 지지자들은 법원마저 부패했다고 여겼다.

이는 사실보다 감정과 신념이 우선되는 '탈진실Post-truth' 현상의 대표적 사례다. 특히 큐어넌 음모론 커뮤니티는 이 사태의 정신적 기반을 제공했다. 이들은 '딥스테이트'가 세계를 조종하고 있다고 믿으며, 트럼프를 '구세주'로 간주했다. "진실을 아는 자"와 "잠든 자"라는 구분은 이들의 정체성과 결속을 더욱 강화했고, 이들은 '폭풍의 날The Storm'을 경고하는 종말론적 예언까지 믿었다.

이처럼 신념에 기반한 행동은 민주주의의 핵심 가치인 제도와 절차에 대한 신뢰를 직접적으로 위협했다. 의회를 점거한 시위대는 "진실을 되찾으러 왔다"라는 구호를 외치며 공식 선거 결과를 부정하고 자신들의 믿음을 사실로 간주했다. 디지털 플랫폼이 형성한 반향실은 왜곡된 인식을 강화했고, 알고리즘은 자극적인 콘텐츠를 지속적으로 노출시키며 현실 인식을 더욱 단절시켰다.

이 사건 이후에도 'Big Lie'는 재생산됐다. 2022년 조사에 따르면 공화당 지지자의 70% 이상이 여전히 2020년 대선이 조작됐다고 믿고 있었다. 이는 단순한 선거 불복이 아닌 민주주의 질서 전반에 대한 불신으로 이어지고 있다.

이 사건은 민주주의가 정보 질서 위에 세워져 있다는 사실을 다시금 일깨워줬다. 공동의 사실을 공유하지 못하는 사회에서는 합리적 토론과 민주적 결정이 어렵다. 민주주의를 지키기 위해서는 제도적 장치만이 아니라 시민 각자의 정보 감별 능력과 비판적 사고 역량이 필요하다. 1·6 의회 난입 사건은 단순한 극우 폭동이 아니라 민주주의를 위협하는 음모론의 실체를 보여준 중대한 사건이다. 이 사건을 기억해야 하는 이유는 분명하다. 진실이 무너지면 제도도 함께 무너질 수 있다는 걸 알려줬기 때문이다.

큐어넌과
창조된 신념

2017년 미국의 온라인 커뮤니티 포챈4chan에서 시작된 큐어넌은 단
순한 음모론을 넘어 정치적 종교 운동으로 발전했다. 익명의 인물 'Q'
가 게시한 암호화된 메시지들은 '딥스테이트'라 불리는 악의 세력이
미국과 세계를 지배하고 있으며 도널드 트럼프 전 대통령만이 이들
에 맞설 유일한 존재라는 서사를 형성했다. 이러한 주장은 레딧, 텔
레그램, 유튜브 등 다양한 디지털 플랫폼을 통해 빠르게 확산됐다.
2021년 1월 6일 큐어넌 신봉자인 제이 콥 챈슬리Jacob Chansley는 'Q
샤먼'이라는 이름으로 미국 의회 본회의장 연단에 올라서는 장면을
연출했다. 늑대 가죽 모자를 쓰고 문신을 드러낸 채 미국 국기를 들
고 선 그의 모습은 전 세계 언론에 보도됐다. 음모론이 종교적 신념
으로 진화할 수 있음을 보여준 상징적인 장면이었다.

　　큐어넌의 중심 서사는 중세 유럽에서 유대인을 비방하기 위해 퍼
졌던 '피의 중상blood libel'과 유사한 형태를 띠고 있다. 유대인이 유대
교 예식에 쓰기 위해 가톨릭 신도의 아이를 살해해서 피를 빼낸다는
이 오랜 루머처럼, 이들은 오늘날 엘리트 집단이 아동을 납치해 피
를 이용한 의식을 행한다는 주장을 펼쳤다.

신봉자들은 자신들만의 상징과 언어를 사용하며 결속을 강화했다. "WWG1WGAWhere We Go One, We Go All"라는 구호, 'Q'가 적힌 깃발, "폭풍이 온다The Storm is Coming"는 예언적 문구는 이들 사이에서 강한 집단 정체성을 형성하는 도구가 됐다. 이러한 상징은 2021년 1월 6일 의회 난입 현장에서도 명확히 드러났다. 이 시점에서 큐어넌은 더 이상 주변부의 괴담이 아니었다. 그것은 수백만 명의 사람들에게는 '진실'이자 행동의 명분이었으며, 현실에 대한 대안적 해석이었다.

특히 주목할 점은 큐어넌이 복음주의 기독교 신자들 사이에서도 급속히 확산됐다는 사실이다. 일부 미국 교회 구성원들은 큐어넌의 종말론적 내러티브를 기독교적 예언과 결합시켜 해석했다. 정치적 음모론과 종교적 신념이 결합할 경우 더욱 강력한 행동 동기로 작용할 수 있다. 한국 사회에서도 12.3 비상계엄과 탄핵 정국 과정에서 특정 종교가 주요한 주체로 등장했다는 점은 이것이 미국만의 특수 상황이 아님을 웅변한다.

브라질 1·8 정부 청사 점거
: 민주주의를 공격한 디지털 기술

2023년 1월 8일, 브라질 수도 브라질리아도 민주주의 역사상 유례없는 폭력 사태를 겪었다. 수천 명의 극우 시위대가 대통령궁, 연방대법원, 국회의사당 등 브라질 헌정 체제의 중심 건물을 동시다발적으로 점거하고 파괴한 것이다. 이들은 2022년 대선 결과에 불복하며 "조작된 선거에 저항한다"라는 구호를 외치며 행진했다. 일부는 경찰과 충돌하거나 국기와 건물 내부를 훼손했다. 해당 사건은 루이스 이나시우 룰라 다 시우바 대통령이 공식 취임한 지 일주일도 되지 않은 시점에 발생했으며, 전 대통령 자이르 보우소나루의 열성 지지자들이 주도한 것으로 확인됐다. 국제 언론과 학계는 이 사건을 "브라질판 1월 6일"로 명명하며 미국 의회 난입 사건과 구조적 유사성이 있다고 지적했다.

실제로 보우소나루 전 대통령은 대선 이전부터 지속적으로 선거 제도에 대한 불신을 조장했다. 그는 "브라질의 전자투표기는 해킹에 취약하다", "좌파는 부정을 통해 권력을 탈취할 것이다"와 같은 발언을 반복했다. 이는 그의 핵심 지지층 사이에서 강한 확신으로 굳어졌다. 선거에서 패배한 후에도 그는 결과를 확실하게 인정하지 않았다. 새 대통령의 공식 취임식 참석도 거부한 채 미국 플로리다로 출국했다. 이후 브라질에서는 "룰라는 불법으로 권력을 얻었다"라는 서사가 급속히 확산됐다. 특히 왓츠앱, 텔레그램, 유튜브 등의 디지털 플랫폼을 통해 조직적으로 전파됐다. 왓츠앱은 브라질 국민 다수가 사용하는 메신저로, 2022년 기준 브라질 국민의 96%가 왓츠앱을 사용한다는 조사 결과도 있다. 이러한 폐쇄형 메신저는 서로 연결된 사람들끼리만 소통하기 때문에 허위정보가 검증되지 않은 채 반복 확산되기에 매우 취약하다.

사건 발생 며칠 전부터 조짐이 보였다. 수많은 단체 채팅방에서는 "룰라는 공산주의자다", "선거는 미국 딥스테이트가 조작했다", "군에 개입을 요청하라", "대법관을 체포하라" 등의 선동적 메시지가 실시간으로 퍼졌다. 일부 방에서는 대통령궁 평면도, 경찰 배치도, 건물 진입 경로 등이 구체적으로 공유됐다. 법률적 조언이나 검거 시 대응 요령까지 안내되기도 했다. 이 같은 디지털 조직화는 정치적 의도를 가진 행위자들이 물리적 행동을 사전에 조율하는 데 필수적 도구가 됐다.

보우소나루 전 대통령은 공식적으로 폭력을 지지하거나 직접 지시하지는 않았다. 그러나 그는 지지자들의 시위를 제지하지 않았다. 오히려 트위터 등에서 시위대를 '실망한 애국자들'이라고 표현하며 간접적으로 정당성을 부여했다. 이와 같은 침묵과 암묵적 지지는 극단주의자들에게 '정치적 행동의 승인'으로 해석될 수 있다. 실제로 일부 시위 참가자들은 "보우소나루가 직접 말은 안 했지만 우리는 무엇을 해야 할지 알고 있다"라고 밝혔다.

브라질 정부 청사 점거 사태는 디지털 기술이 민주주의에 미치는 양면성도 여실히 드러냈다. 디지털 플랫폼은 시민들의 자유로운 의사 표현을 가능하게 하지만, 동시에 허위정보의 급속한 확산, 집단적 분노의 조직화, 물리적 폭력의 실현 경로로도 기능할 수 있다. 특히 왓츠앱과 텔레그램 같은 폐쇄형 플랫폼은 익명성과 통제 불가능성이 결합돼 수사나 조치가 뒤따르기 어렵다. 단일 메시지가 수천 명에게 동시에 전달되는 '브로드캐스트 그룹' 기능은 사실상 뉴스 채널의 역할을 대신하고 있다. 이로 인해 정통 언론보다 허위정보가 더 빠르고 더 강하게 여론을 장악하게 된다. 브라질 사법 당국은 플랫폼 기업에 수사 협조를 요청했지만 해외에 기반한 서비스 구조와 느슨한 사용자 인증 체계 때문에 실질적인 책임 추궁은 어려웠다. 그 결과 조직자와 주도 세력에 대한 수사 및 처벌은 상당 부분 한계에 부딪혔다.

한국과 미국 사례와 마찬가지로 이 사건 역시 브라질 민주주의가 정보 생태계의 왜곡으로부터 얼마나 쉽게 흔들릴 수 있는지를 보여 줬다. 많은 시위 참가자들은 자신들이 민주주의를 '지키는' 행동을 한다고 믿었다. 선거는 이미 조작되었으며, 법원은 편향되었고, 자신들이 직접 나서지 않으면 나라가 무너진다고 확신한 것이다. 이러한 신념은 논리나 증거보다 더 강력한 정치 동기이자 행동의 정당화 수단으로 작동했다. 신념은 더 이상 내면의 문제로 머물지 않고 기술과 결합해 체제 전복적 행동으로 확장되고 있다.

브라질 민주주의의 수호자
알렉상드르 지 모라이스

1월 8일, 시위대가 대통령궁과 국회의사당, 대법원까지 점거하는 혼란의 중심에서 누구보다 조용히 그러나 단호하게 자리를 지킨 사람이 있었다. 브라질 연방대법관 알렉상드르 지 모라이스Alexandre de Moraes다. 그는 몇 년 전부터 브라질에서 확산된 '디지털 허위정보'와 맞서고 있었다. 누군가는 그를 엄격하다고 했고, 어떤 이는 지나치게 앞서나간다고 말했다.

하지만 그는 끝까지 한 가지만을 이야기했다. "민주주의는 그냥 유지되지 않습니다."

모라이스 판사는 원래 학자였다. 형법을 전공했고 범죄학자로도 활동했다. 우파 정부 시절에는 장관직을 맡은 적도 있다. 하지만 어느 정치색에도 길들지 않았다. 언제나 '법의 역할'에 집중했다. 그리고 지금은 '디지털 시대의 민주주의'를 지키는 일을 사명처럼 여기고 있다.

모라이스 판사는 메신저를 통해 거짓 정보가 퍼지기 시작할 때 그 위험을 먼저 알아챘다. 그는 "표현의 자유는 중요하지만 거짓이 자유를 가장해서 사람을 해치는 순간이 가장 무섭다"고 말했다. 그는 몇몇 계정을 차단했고 플랫폼 기업에 협조를 요청했다. 때로는 벌금까지 물렸다.

사람들은 물었다. "너무 센 거 아닌가요?"

그는 조용히 대답했다. "진실이 두너지면, 사회도 무너집니다."

일론 머스크와의 갈등도 세간의 이목을 끌었다. 머스크는 '표현의 자유'를 지켜야 한다며 모라이스를 공개 비판했지만 그는 물러서지 않았다.

"국가가 기업보다 약해서는 안 됩니다. 민주주의는 플랫폼 기업의 장난감이 아닙니다."

그 말에는 책임에 대한 분명한 인식이 담겨 있었다. 그의 조치들을 놓고 논란도 있었지만 브라질 안에서는 많은 지지를 받았다. "누군가는 거짓과 혐오의 홍수를 막아야 했다"라고 말하는 시민들이 늘었다. 그 덕분일까. 지금 브라질 정부는 국제사회와 함께 디지털 플랫폼 규제 논의에 앞장서고 있다. 아직 완벽한 해법은 아니지만 한 걸음씩 나아가는 중이다.

그의 이름은 지금도 SNS에서 뜨거운 논쟁의 대상이다. 비판도 많고, 찬사도 있다. 하지만 그 자신은 평범한 판사로 남고 싶다고 말한다. 그의 진심은 오래전 인터뷰 한 구절에 담겨 있다.

"표현의 자유는 함께 살아가는 사회를 위한 것입니다. 누군가를 파괴하고, 진실을 흐리는 자유라면 그것은 자유가 아닙니다."

일본 아베 신조 피살 사건
: 자신이 정의롭다는 착각

2022년 7월 8일, 일본 나라현의 거리에서 총성이 울렸다. 일본 최장수 총리이자 보수 정치의 상징이었던 아베 신조 전 총리가 공개 유세 도중 피격돼 사망했다. 범인은 41세의 남성 야마가미 데쓰야. 그는 정치적 반대자도 테러 조직의 일원도 아니었다. 다만 야마가미는 자신이 '올바른 진실'을 알고 있으며 아베는 그 진실을 숨기고 있는 인물이라고 확신했다. 그 확신이 살인의 정당성이 됐다.

야마가미는 세계평화통일가정연합(통일교)이 일본 사회를 조종하며 막대한 피해를 끼쳤다고 믿었다. 그의 어머니는 통일교에 수십 년간 거액의 헌금을 바쳤고, 이로 인해 가정은 경제적 파탄을 겪었다. 그는 분노를 종교 단체로 돌렸고 이 단체와 깊은 유착 관계에 있다고 여긴 아베를 목표로 삼았다. 경찰 조사에서 그는 "아베는 통일교의 대변자다", "이대로 두면 세상이 파괴된다"고 진술했다. 단순한 복수가 아닌 체계적인 신념과 계획에 따른 정치적 암살이었다.

그는 수년간 유튜브, 커뮤니티 사이트, 포럼 등에서 통일교 관련 콘텐츠를 수집했다. 알고리즘은 그의 관심사를 반영하며 점점 더 극단적인 콘텐츠를 제공했다. 그는 현실과는 다른 정보의 세계에 고립됐다. 이 정보의 흐름은 특정 단체를 '악'으로 규정하고 그것과 관련된 인물에게 '정의의 심판'을 내려야 한다는 확신을 키웠다. 그는 자신이 사회적 정의를 실현하는 영웅이라는 인식을 갖고 있었다. 그의 행동은 범죄였지만 그 안의 동기는 오히려 단단하게 잘 구조화돼 있었다.

일본 사회는 큰 충격에 빠졌다. 아베는 단지 정치인이 아니라 일본 우익 정치의 상징이자 국제사회에서 일본의 영향력을 확장한 지도자였다. 그가 자국 시민의 총에 의해, 그것도 허술한 경호 속에서 살해당했다는 사실은 일본 사회의 안전 신화와 민주적 질서에 대한 믿음을 뿌리째 흔들었다. 더 근본적인 문제는 이러한 극단적 폭력이 '신념'이라는 이름 아래 계획되고 실행될 수 있었던 현실이다.

야마가미의 행동은 정신이상자나 충동적 범죄자의 범주로 설명할 수 없다. 그는 계획적으로 무기를 제작했고, 아베의 동선을 파악했으며, 아베 외에 타인을 해치지 않도록 사격 각도까지 조정했다. 치밀한 목적의식과 명확한 세계관에 기반한 행동이었다. 그는 법을 어긴 범죄자였지만 자신의 인식 속에서는 '진실을 위해 싸운 사람'이었다. 그 신념은 음모론이라는 필터를 통해 형성돼 현실마저 왜곡하는 힘으로 작동했다.

사건 이후 일본에서는 정치인과 종교 단체 간의 유착, 특히 통일교와 자민당의 관계에 대한 집중 조사가 시작됐다. 다수의 정치인이 통일교 행사에 참여하거나 조직적 지지를 받아왔다는 사실이 드러났다. 국민적 비판이 거셌다. 동시에 인터넷상에서 확산되는 극단적 신념 체계에 대한 경각심도 높아졌다. 정부는 온라인 플랫폼의 책임, 알고리즘의 편향성, 정보 검증 시스템 강화 등에 대한 논의를 본격화했다.

아르헨티나 부통령 암살 시도
: 현대 사회가 직면한 진실의 위기

2022년 9월 1일 저녁, 당시 아르헨티나의 부통령 크리스티나 페르난데스 데 키르치네르Cristina Fernández Kirchner가 자택 앞에서 지지자들과 인사를 나누던 중 한 남성이 접근해 권총을 겨눴다. 얼굴을 향해 방아쇠를 당겼지만 총알은 발사되지 않았다. 현장에서 체포된 범인은 브라질 국적의 35세 남성 페르난도 사바그 몬티엘Fernand Sabag Montiel이었다.

이 사건은 아르헨티나 민주주의가 회복된 1983년 이후 가장 충격적 정치 폭력 시도로 규정됐다. 알베르토 페르난데스Alberto Fernandez 대통령은 긴급 담화를 통해 국가적 위기를 선언했고 다음 날을 임시 공휴일로 지정했다. 수많은 시민들이 거리로 나와 정치적 폭력에 반대하는 시위를 벌였다.

그러나 놀랍게도 국민 여론의 절반가량은 이 사건을 '조작된 연출'로 간주했다. 많은 이들이 부통령이 위협 직후에도 비교적 침착하게 행동했다는 점, 경호원의 대응이 늦었다는 점, 범행 당시 총이 발사되지 않았다는 점을 들어 '음모' 가능성을 제기했다. 일부 야당 정치인과 유명 인플루언서들도 "정치적 동정심을 유도하기 위한 쇼"라는 주장을 펼치며 여론을 양분했다.

사건 직후 소셜미디어에서는 다양한 의혹이 빠르게 확산됐다. 팩트체크 전문 기관 체케아도Chequeado에 따르면 트위터에서 키르치네르 관련 게시물 중 약 40%가 사건의 진실성에 의문을 제기하는 내용이었다. 틱톡에서는 조작된 영상이 100만 회 이상 조회됐다.

"총이 모형이었다", "범인은 내부 지지자였다", "뉴스 보도 시점이 범행 이전이었다"라는 등 실제 수사 내용과 다른 정보들이 일파만파 퍼졌다. 특히 범인의 휴대전화를 경찰이 수거한 직후 수차례 비밀번호를 잘못 입력해 자동 초기화된 사건은 의혹에 기름을 부었다. 수사 당국은 단순 실수였다고 해명했지만 대중의 불신은 수그러들지 않았다. 일부는 "정부가 증거를 의도적으로 삭제했다"라고 주장했다.

음모론이 급속히 퍼진 배경에는 아르헨티나 사회 전반에 깊게 자리 잡은 정치 불신이 있다. 2015년 알베르토 니스만 검사 사망 사건은 대표적 사례다. 니스만 검사는 크리스티나 키르치네르가 대통령이었을 당시 이란 관련 스캔들을 고발할 예정이었으나 고발 하루 전 자택에서 사망했다. 공식적으로는 자살로 처리됐지만 다수 시민들은 지금까지도 이를 '정치적 암살'로 보고 있다. 이 사건은 민주주의 제도에 대한 신뢰를 심각하게 훼손했으며 이후 주요 정치 사건에 대한 대중의 인식에 강한 영향을 미쳤다.

아르헨티나 정부는 이 사건을 계기로 디지털 허위정보 확산에 대한 대응 방안을 모색하고 있다. 그러나 문제의 핵심은 단순한 플랫폼

규제나 기술적 조치에만 있지 않다. 제도에 대한 신뢰를 회복하고 시민 개개인이 정보에 대해 비판적으로 사고할 수 있도록 돕는 교육과 문화가 병행돼야 한다.

이 사건은 암살 시도로 기록됐지만 현대 사회가 직면한 '진실의 위기'를 상징한다. 명백한 영상 증거와 공식 발표가 있어도 많은 사람들은 여전히 '자신만의 진실'을 믿는다. 이러한 불일치는 민주주의의 공통 기반을 위협하며 정책 결정과 사회적 합의를 더욱 어렵게 만들고 있다.

프랑스를 뒤흔든 '대체 이론'
: 정체성 위기가 불러온 음모론

2011년 프랑스 극우 사상가 르노 카뮈Renaud Camus는 한 권의 책을 세상에 내놓았다. 제목은 『거대 대체Le Grand Remplacement』였다. 이 책은 유럽 정치지형을 바꿔놓을 만큼 큰 반향을 불러왔다. 그는 "유럽의 백인 인구가 무슬림 이민자에 의해 점차 대체되고 있다"라고 주장했다. 이는 단순한 인구 변화가 아니며 이민 자체가 유럽 문명을 고의로 파괴하려는 거대한 음모라는 주장이다.

프랑스는 과거 식민지였던 북아프리카 지역에서 많은 이민자를 받아들였다. 특히 1962년 알제리 독립 이후 유입된 북아프리카계 이민자들은 프랑스 사회의 일부가 됐지만 여전히 문화적 차이와 사회적 갈등의 중심에 서 있다. 이런 배경 위에서 '대체 이론'은 극우 세력의 대표적인 메시지로 자리 잡았다.

프랑스 극우정당 국민연합의 대표 마린 르펜Marine Le Pen은 이 이론을 직접 언급하지는 않지만 "프랑스인의 정체성이 위협받고 있다"는 식의 발언을 통해 유사한 인식을 확산했다. 그녀는 2022년 대선 유세에서 "무분별한 이민은 프랑스를 프랑스답지 않게 만든다"라고 말하며 이민자에 대한 경계심을 강조했다.

이 음모론의 확산에도 인터넷과 소셜미디어가 큰 역할을 했다. 미국 스탠퍼드 인터넷 관측소는 "우익 성향 콘텐츠가 '대체 이론'을 정당화하며 특히 젊은 층에게 영향을 주고 있다"라고 경고했다. 페이스북, 트위터 등에서도 과장된 통계와 왜곡된 사실이 빠르게 퍼지며 사회적 편견을 강화하고 있다.

'대체 이론'은 국경을 넘어 미국과 유럽의 극우 운동에도 영향을 미쳤다. 2019년 뉴질랜드 크라이스트처치에서 발생한 모스크 총격 사건의 범인은 범행 전 온라인에 공개한 글에서 르노 카뮈의 이론을 직접 인용하며 테러의 정당성을 주장했다. 이처럼 음모론은 단순한 주장이 아니라 실제 폭력과 연결되기도 한다.

프랑스에서 그 여파는 심각하다. 반이슬람 정서는 꾸준히 상승했다. 프랑스 내무부에 따르면 무슬림 대상 혐오 범죄는 2015년 이후 매년 증가하고 있다. 2020년 파리 외곽에서 교사 사무엘 파티가 이슬람 극단주의자에게 피살된 사건 이후 프랑스 사회는 이민자 전반에 대한 부정적 반응이 더욱 커졌다. 정치적으로는 프랑스 사회가 더욱 양극화되고 있다. 일부 정당은 포용과 통합을 외치지만 다른 한편에서는 '정체성 수호'를 내세우며 국민감정을 자극하고 있다. 이 과정에서 공론장은 점차 사라지고 상대에 대한 불신과 반목이 강화되고 있다.

이 음모론은 문화적으로도 프랑스 공화주의의 핵심 가치를 위협하고 있다. 프랑스는 '인종, 종교, 출신과 상관없이 모든 시민이 평등하다'는 원칙을 지향해왔다. 하지만 '대체 이론'은 특정 시민 집단을 '침입자'로 규정함으로써 이념적 기반을 흔들고 있다. 파리정치대학 Sciences Po의 정치학자 파트릭 웨일Patric Weil은 "공화주의는 시민 모두를 동등하게 다뤄야 한다. 그러나 이 음모론은 차별을 합리화하려 한다"라고 지적했다.

'대체 이론'은 더 이상 주변적 음모론이 아니다. 정치적 무기이자 사회를 분열시키는 도구로 작동하고 있다. 혐오와 공포를 자극하는 허구의 서사는 유럽뿐 아니라 전 세계 여러 나라의 민주주의에도 적지 않은 영향을 끼치고 있다.

인도네시아 '중국 경제 침략설'
: 혐중 여론은 어디에서 왔나

프랑스의 '대체 이론'처럼 외부 집단을 침략자로 묘사하는 음모론은 서구와 아시아 모두에서 유사하게 나타난다. 다음의 인도네시아 사례가 대표적인 경우다.

"중국인들이 우리 일자리를 다 가져가고 있다. 이대로 가다간 우리도 식민지가 될 것이다."

자와섬(자바섬) 고속철도 건설 현장에서 멀지 않은 마을에 사는 수디르만 씨는 요즘 스마트폰을 켜는 게 두렵다고 말한다. 하루에도 수십 번씩 '중국 불법 노동자 5만 명 입국' 같은 메시지가 왓츠앱을 통해 도착하기 때문이다. 최근 몇 년 사이 인도네시아에는 이른바 '중국 경제 침략설'이라는 음모론이 빠르게 퍼지고 있다.

이 주장은 얼마나 사실에 가까울까. 2013년 중국은 '일대일로'라는 대규모 인프라 투자 계획을 발표했다. 인도네시아는 이 구상의 핵심 국가 중 하나가 됐다. 자와섬 고속철도처럼 대규모 사업들이 진행되면서 중국 기업, 자본, 노동자들이 인도네시아로 들어왔다. 이와 함께 "중국이 우리 경제를 장악하려 한다"는 말들이 퍼지기 시작했다. 특히 SNS와 메신저 앱을 통해 관련 정보가 확산하면서 불안은 걷잡을 수 없이 커졌다.

하지만 인도네시아 정부가 밝힌 공식 통계에 따르면 2023년 기준 중국인 노동자는 약 1만 6000명 수준이다. 전체 외국인 노동자의 10%에도 미치지 않는다. SNS에서 자주 언급되는 '수만 명'이라는 숫자는 사실과 거리가 크다.

이런 감정은 단순히 현재의 경제 문제에서만 비롯되지 않았다. 인도네시아에는 전체 인구의 약 3%를 차지하는 중국계 소수민족이 있다. 이들은 경제적으로는 비교적 안정된 위치를 차지하고 있지만 역사적으로는 수차례 차별과 폭력의 대상이 돼왔다. 특히 경제 위기 와중에 벌어진 1998년 자카르타 폭동 당시 수많은 화교 상점이 약탈당했고, 인명 피해까지 발생했다. 이런 역사는 중국계 인도네시아인들을 포함해 오늘날 중국과 관련된 모든 이들에게 적대심을 품는 배경이 되고 있다.

자카르타에서 식당을 운영하는 리우 씨는 "4대째 인도네시아에 살고 있는데도 중국과 관련이 있다는 이유로 적대감을 느낄 때가 많아요"라고 말했다.

여기에 메신저 앱과 소셜미디어는 불안의 확산을 더욱 빠르게 만든다. 2020년에는 수마트라 지역의 중국계 광산 기업이 환경을 파괴했다는 뉴스가 사실 확인 없이 퍼지면서 지역 주민들의 시위로 이어졌다. 나중에 일부 내용이 과장된 것으로 드러났지만 '중국=위험'이라는 인식이 많은 사람들 마음에 자리 잡았다. 2022년에는 술라웨시 섬에서 중국인 노동자들과 현지 주민 간의 충돌로 사망자가 발생하는 사건도 있었다.

정치권도 이 불안을 이용하고 있다.

"조코 위도도 대통령은 나라를 중국에 넘기려 하고 있다."

선거에서 일부 야권 정치인들이 내세운 메시지다. 중국과의 경제 협력을 하는 정부를 공격하는 수단으로 '침략설'을 활용하는 것이다. 문제는 이러한 언급이 사회적 갈등을 부추긴다는 점이다. 실제로 일부 중국 투자 기업은 인도네시아 내 반중 정서를 이유로 사업을 축소하거나 철수했다. 이는 외국인 투자를 통한 성장 전략을 추진해온 인도네시아 경제에도 큰 부담이 되고 있다.

혐중 정서와
가짜 뉴스의 위험한 결합

계엄 사태와 탄핵 정국을 거치면서 한국 사회에서도 혐중(혐오 중국) 정서가 온라인을 넘어 거리로 확산되며 갈등 양상을 더욱 첨예하게 만들고 있다. 서울 건대입구역 인근 '양꼬치 골목'에서 벌어진 시위와 '중국인 간첩 99명 체포설' 같은 가짜 뉴스는 그 대표적인 사례다. 이 두 사건은 서로 다른 배경에서 발생했지만, 모두 중국인을 적대시하는 정서를 자극하며 혐오를 정치적 도구로 소비했다.

2025년 4월 17일 윤석열 전 대통령 지지 단체 '자유대학'은 서울 성동구 일대에서 집회를 열고 사전투표 폐지와 부정선거 검증을 요구하며 건대입구역까지 행진했다. 그러나 시위는 단순한 정치적 표현을 넘어서 중국인 밀집 상권인 양꼬치 골목까지 진입해 혐오 표현으로 번졌다. 일부 참가자들은 북을 치며 거리로 들어섰고, 한 마라탕 가게 앞에서 종업원과 충돌했다. "중국으로 꺼져라", "불법체류자 같다"는 등의 폭언이 쏟아졌고, 직원 한 명은 병원으로 이송됐다. 이후 해당 가게에는 별점 테러와 개인정보 유포가 이어졌다. 건대 상인들과 중국 동포들은 "서럽고 무서웠다"라며 고통을 호소했지만 실질적 보호 장치는 없었다.

비슷한 시기 온라인에서는 더 충격적인 내용이 확산됐다. 일부 극우 매체는 2024년 12월 3일 계엄 선포 당시 선거연수원에서 중국인 간첩 99명이 체포되어 주일미군 기지로 이송됐다는 보도를 내보냈다. 이 주장은 탄핵 정국에서 '부정선거 음모론'의 핵심 근거로 활용됐다. 그러나 2025년 1월 20일 주한·미군과 주일미군은 해당 내용을 "전적으로 거짓entirely false"이라며 공식 반박했고, 중앙선거관리위원회도 "해당 일 연수원에는 외국인이 없었다"고 밝혔다. 하지만 그 뒤에도 상당 기간 이 기사는 윤석열 지지자들에게 탄핵심판 반대 명분이 됐다.

이 두 사건은 혐중 정서가 어떻게 실질적 위협과 사회적 혼란으로 이어질 수 있는지를 단적으로 보여준다. 일본에서 재특회 등 극우 단체가 벌인 혐한 시위와 유사하게 한국에서는 혐중 시위가 벌어지고 있으며 여기에 허위정보가 더해지며 사회적 파열을 심화하고 있다.

전문가들은 혐오 표현 규제와 허위정보 유포 처벌을 위한 제도 정비가 시급하다고 지적한다. 현재 한국에는 혐오 발언에 대한 명확한 처벌 조항이 없어 예방적 대응도 쉽지 않다. 일부 지방자치단체에서 조례를 추진하고 있지만 전국 단위의 법제화가 필요하다는 목소리가 크다. 동시에 언론과 플랫폼도 사실 확인과 책임 있는 보도의 원칙을 지켜야 한다는 주장에도 점점 더 많은 이들이 공감하고 있다.

7

국경을 넘는
음모론의 세계화

나라는 달라도
음모론은 같다

디지털 환경을 통해 전 세계가 실시간으로 연결돼 있는 현대사회에서 음모론은 한 국가 안에 머무르지 않는다. 하나의 메시지가 생성되면 몇 시간 안에 다른 나라의 언어와 문화 속으로 번역되고 재가공돼 퍼져나간다. 서로 다른 방식으로 '공유된 불신'을 경험하고 있는 셈이다.

거의 모든 음모론에는 유사한 구조가 반복된다. 이른바 '보이지 않는 권력', '숨겨진 엘리트', '조작된 현실'을 설정한 뒤 사회적 불만이나 정치적 혼란을 그 세력의 탓으로 돌린다. 미국에서는 '딥스테이트', 유럽에서는 '글로벌리스트'나 '일루미나티'가 등장하며, 아시아권에서는 '중국 공산당' 또는 '글로벌 자본'이 공격 대상이 된다. 한국 사회에서는 친북(종북) 세력, 친중 세력을 늘 소환한다. 이러한 믿음은 아예 구조적인 세계관으로 자리 잡았다.

이처럼 구조화된 의심과 분노는 디지털 플랫폼을 통해 극대화된다. 유튜브, 텔레그램, X(트위터), 페이스북, 왓츠앱 같은 플랫폼은 단순히 정보를 전달하는 수단을 넘어 감정의 흐름을 형성하고 방향까지 결정하는 역할을 한다.

"정부가 백신으로 사람들을 조종하려 한다"거나, "선거 결과는 조작되었다"는 의혹은 데이터보다 감정에 기반한 설명이기 때문에 짧은 영상과 밈meme 형태로 빠르게 전파된다. 이러한 정보는 별도의 해석이나 자막 없이도 시청자에게 '느낌'을 전달하며, 언어와 문화의 장벽을 넘어서 전 세계 어디서든 비슷한 방식으로 소비된다. 이를 통해 디지털 플랫폼은 정보 전달보다는 점점 더 감정의 중계소로 기능하고 있으며, 음모론은 그 감정을 조직화하는 하나의 서사 형식이 되고 있다.

기본 구조는 같지만 각국의 정치·사회적 맥락에 따라 음모론은 다른 외피를 입는다. 미국에서는 '딥스테이트'가 민주주의를 위협한다고 믿고, 브라질에서는 '급진 좌파'가 나라를 무너뜨린다고 주장하며, 러시아에서는 '서방 정보전'이 자국의 혼란을 유발한다고 본다. 이처럼 동일한 구조의 음모론이 서로 다른 지역에서 다른 타깃을 향해 조정된다는 사실은 글로벌 음모론이 결국 하나의 '이데올로기 플랫폼'처럼 작동하고 있음을 보여준다. 각각의 음모론은 해당 지역의 사회적 분열, 역사적 상처, 정치적 갈등 위에서 만들어지고 현지화된 형태로 강화되고 있다.

각국의 정치 세력이나 단체는 이 현지화된 음모론을 자신들의 목적과 상황에 맞게 '정치적 무기'로 활용하고 있다. 선거, 시위, 외교 문제, 재난 상황 등에서 음모론은 '실패의 책임'을 외부로 돌리고, 내부 결속을 강화하는 전략이 될 수 있다. 미국의 트럼프나, 브라질 보우소나루 지지자들의 폭동, 프랑스 '대체 이론' 유통 과정이 대표적인 예다.

이렇듯 오늘날 음모론은 단지 한 국가만의 문제가 아니다. 전 세계적인 현상이며 공동의 대응이 필요한 글로벌 도전이다.

세계를 흔드는
5가지 글로벌 음모론

오늘날의 음모론은 각기 다른 사회가 공유하는 감정적 구조이며, 정치적·문화적 문맥에 따라 다양한 외피를 입고 재생산되는 글로벌 서사 체계다. 특히 다음 다섯 가지 주제는 지역을 넘어서 거의 동일한 구조로 확산되고 있다. 세계 각국에서 정치적 갈등, 사회적 불안, 공적 신뢰 위기를 증폭시키는 5개의 음모론을 요약해 소개한다.

기후 음모론: 조작된 위협이라는 믿음

기후위기는 과학적 합의가 이뤄진 사실이다. 하지만 일부 진영에서는 이를 '의도된 기획'으로 간주한다. "기후위기는 조작된 위협이며, 탄소세와 기후 협약은 세계 정부 수립을 위한 수단"이라는 담론이다. 이 주장에 따르면 유엔, 세계은행, 기후 관련 국제기구 등은 '주권을 침해하는 엘리트 집단'으로 재정의된다. 프랑스의 일부 농민 단체, 미국 보수 진영, 한국의 특정 유튜브 채널이 이와 유사한 주장을 반복적으로 하며 기후 정책에 대한 불신을 유도한다. 이 음모론은 종종 에너지 산업과 결합해 "기후 규제는 화석연료에 대한 부당한 압박"이라는 주장으로 이어진다. 과학은 정치화되고, 국제 협력은 음모로 치환된다. 이는 기후 문제 해결을 위한 공론 형성 자체를 어렵게 만든다.

백신·질병 음모론: 공중보건에 대한 불신

"COVID-19는 계획된 팬데믹이다." 이 주장은 2020년 이후 전 세계를 관통한 대표적 음모론 중 하나다. 이에 따르면 코로나19는 글로벌 엘리트가 세계를 통제하기 위해 고의도 유포한 바이러스이며, 백신 접종은 감시와 통제를 위한 수단이다.

세계보건기구, 빌 게이츠 재단, 대형 제약사, 각국 보건 당국이 배후로 여겨지며, 백신 여권은 '디지털 통제 사회의 시작'으로 해석된다. 특히 이 담론은 '자유'를 강조하며, 각국에서 정부 방역 정책에 대한 저항을 정당화하는 도구로 쓰였다. 캐나다의 트럭 시위, 브라질 극우 커뮤니티, 한국의 백신 반대 유튜브 채널에서도 동일한 패턴이 발견된다.

과학적 설명은 거부되고, 개인의 생존 본능과 맞닿은 '직감'으로 음모론을 받아들인다.

백인 대체론: 정체성 상실의 공포

이민, 특히 무슬림 이민이 유럽 백인을 인구적으로 대체하려는 '계획된 침략'의 일환이라는 주장이다. 프랑스, 독일, 스웨덴 등 유럽 국가뿐 아니라 미국 백인 우월주의 커뮤니티에서도 널리 퍼져 있으며 극단적 테러의 사상적 배경이 되기도 했다.

2011년 노르웨이 오슬로, 2019년 뉴질랜드 크라이스트처치, 2022년 미국 버팔로에서 발생한 총기 테러는 모두 '대체 이론'에 직접 영향을 받은 사건이다. 이 담론은 이민 정책을 단순한 행정 문제가 아니라 민족적 생존 문제로 정치화한다.

한국에서도 유사한 담론이 '다문화 정책은 국가 해체 전략'이라는 주장으로 일부 커뮤니티에서 나타나고 있다. 이는 정치적 분노를 정체성 위기와 결합시키며 사회적 통합을 가로막는 강력한 감정적 내러티브로 작동한다.

종교적 종말론: 악과의 전쟁이라는 서사

"엘리트는 사탄을 숭배하며, 인류를 파괴하려 한다."

큐어넌 운동은 이 주장을 기반으로 미국 전역으로 퍼졌다. 단순한 음모론을 넘어 종말론적 세계관과 정치적 동원이 결합된 하나의 신흥 종교적 운동이다. 트럼프를 '구원자'로 간주했고, 정치적 반대자는 '악마적 집단'으로 규정했다. 이러한 종말론은 미국 복음주의 보수층, 브라질의 극우 종교 단체, 유럽 일부 민병대 조직에 이르기까지 광범위하게 퍼졌다. 한국에서도 일부 극우 기독교 채널과 집회에서 "악마의 세계 정부가 도래하고 있다"라는 유사한 발언이 반복되고 있다. 이렇게 정치적 갈등이 종교적 전쟁으로 전환되면 타협과 중재는 불가능해지고 '선과 악'의 이분법이 지배하게 된다.

기술 통제 음모론: 디지털 시대의 공포

"AI, 5G, 디지털 화폐는 인간을 완전히 통제하기 위한 장치다."

이 주장은 기술 발전이 사람들의 자유를 억압하고, 개인을 감시하는 체제를 구축한다는 불안에서 비롯된다. 실제로 2020년 유럽 여러 국가에서 5G 기지국이 방화되는 사건이 발생했다. 디지털 화폐의 출현은 정부가 모든 개인 거래를 감시하는 통제 사회의 시작이라는 담론도 확산 중이다.

다양한 주장이 있지만 핵심은 "기술이 인간의 자유를 침식한다"라는 감정적 판단이다. 이러한 담론은 특히 고령층, 정보 취약 계층, 정치적 소외 계층에서 빠르게 퍼지고 있으며, 정부 정책에 대한 전반적 불신과도 연결돼 있다.

한국에서도 "전자 주민등록증은 통제 도구", "AI는 인간을 대체할 무기"라는 주장이 종종 나오며, 과학기술에 대한 공포가 반反국가

정서로 연결되는 양상을 보인다.

이처럼 주제는 달라도 음모론의 구조와 맥락은 유사하다. 제도에 대한 불신과 정체성의 위기라는 공동의 배경 아래 음모론은 명확한 적을 설정하고 문제를 단순화하여 감정적인 자극을 끌어낸다. 이는 음모론이 하나의 '글로벌 담론 틀'이자 동시대적 불안이 집약된 상징이라는 점을 보여준다. 이 장의 뒷부분에서는 글로벌 음모론 중 몇 가지를 구체적으로 살펴보면서 확산을 막기 위해 필요한 요소들을 알아보겠다.

기후위기는 거짓이라고
믿는 사람들

기후위기는 전 지구적 차원의 위협으로 과학계는 일치된 분석과 수많은 데이터에 기반한 경고를 하고 있다. 이러한 과학적 합의에도 불구하고 세계 곳곳에서는 "기후위기는 허구이며, 권력 엘리트의 통제 수단"이라는 음모론이 퍼지고 있다. 이 담론은 단지 과학을 의심하는 차원을 넘어서 경제적 이해관계와 정치적 의도, 디지털 정보 환경이 맞물린 복합적인 글로벌 현상으로 작동하고 있다.

2023년 미국에서는 '기후위기는 세계 단일 정부 수립을 위한 사전 조작'이라는 주장을 담은 유튜브 다큐멘터리가 1억 회 이상의 조회 수를 기록했다. 이 영상은 영어뿐 아니라 한국어, 일본어, 프랑스어, 스페인어 등으로 번역돼 세계 각국의 플랫폼에서 퍼졌다. 영상의 핵심 메시지는 "탄소 배출 규제는 자유를 제한하고 주권을 침해하기 위한 수단이며, 기후협약은 엘리트가 일반 시민을 통제하려는 계획"이라는 것이다.

이 같은 주장은 단지 미국에만 머물지 않는다. 유럽에서는 일부 극우 정당이 '기후 정책은 농민 탄압 수단'이라는 프레임을 앞세워 대규모 반反환경주의 운동을 조직했다. 네덜란드와 독일 등지에서는 환경 관련 법안에 반대하는 폭력 시위까지 발생했다. 한국에서는 '2050 탄소중립 정책은 중국 공산당의 전략적 침투'라는 주장이 일부 유튜브 채널을 통해 반복적으로 유포되고 있다. 이처럼 동일한 구조가 각기 다른 국가에서 변형돼 재생산되고 있는 모습은 기후변화 음모론이 단순한 오해가 아니라 국제적으로 동원 가능한 '정치적 도구'로 기능하고 있음을 시사한다.

기후 음모론의 배경에는 명확한 경제적 동인도 자리하고 있다. 특히 화석연료 산업은 기후변화 대응 정책과 이해관계가 직접적으로 충돌하기에 기후 정책을 반대하는 싱크탱크, 미디어 채널, 로비 단체에 막대한 자금을 투입하고 있다. '인플루언스맵InfluenceMap' 분석에 따르면 2020년부터 2023년 사이 기업 및 단체가 '기후 부정론'을 지원하는 데 사용한 금액은 약 9억 달러에 달한다. 이 자금은 학술 보고서를 가장한 인포그래픽 제작, 광고, 유튜브 알고리즘 최적화 콘텐츠 등 다양한 용도로 사용됐다. 일부 채널은 "빙하기가 다가오고 있다", "CO_2는 생명 유지에 필수인 기체"라는 주장을 담은 가짜 과학 콘텐츠를 생산하고 있으며, 이는 SNS를 통해 빠르게 번역·편집돼 세계적으로 유통됐다.

기후 음모론은 각국의 역사, 문화, 정서에 따라 고유한 방식으로 재해석되고 있다. 브라질에서는 "아마존 보호는 서구의 자원 수탈 시도"라는 주장이 확산되며 환경보호 정책이 국가 주권 침해로 인식된다. 일부 우파 정치인은 "서구 환경 NGO는 브라질의 경제 성장을 방해하려 한다"라고 주장했다. 인도에서는 "탄소중립은 선진국이 후발국의 산업화를 방해하려는 수단"이라는 인식이 강하게 자리 잡고 있다. 이는 식민지 경험과 결합돼 기후 논의 자체를 '신식민주의'로 여기기도 한다. 러시아에서는 국영 언론이 "기후위기는 서방이 북극 개발을 막기 위해 퍼뜨리는 허구"라고 보도하고 있으며, '기후위기는 러시아의 천연자원 접근을 제한하려는 서방의 음모'라는 서사가 유행한다. 이처럼 기후변화 음모론은 세계 곳곳에서 주권·경제성장·민족 정체성 같은 민감한 이슈와 결합하고 있다.

뿐만 아니라 기후 음모론의 확산 구조는 코로나19 팬데믹 당시의 음모론과 유사한 점이 많다. '코로나19 바이러스는 생물무기'라거나 '백신 접종은 통제를 위한 수단'이라는 식의 음모론이 퍼졌던 것처럼 과학적 사실과 권위는 음모론에 의해 '이해관계를 가진 엘리트의 조작'으로 전환되고, 그 과정에서 정치적 결정과 사회적 합의는 왜곡되거나 무력화된다.

다른 음모론과 마찬가지로 기후변화 음모론의 빠른 확산에도 디지털 미디어 구조가 결정적 역할을 한다. 자극적인 콘텐츠를 우선 노출하는 디지털 플랫폼에서는 복잡한 과학적 설명보다 음모론적 내러티브를 앞세운 기후변화 음모론이 더 빠르게 퍼져 나가기 쉽다. 그로 인해 공동의 행동이 필요한 기후변화 대응 정책과 협약이 힘을 받지 못하고 있다.

스페인 정전
: 기후 정책은 어떻게 음모론의 먹잇감이 되는가

2025년 4월 28일 정오, 스페인과 포르투갈 전역에 걸쳐 대규모 정전이 발생했다. 스페인의 수도 마드리드와 바르셀로나를 포함한 주요 도시뿐만 아니라 지방 소도시와 농촌 지역까지 광범위하게 전력이 끊겼다. 시민들의 일상은 순식간에 마비됐다. 전철과 항공 관제 시스템이 동시에 멈춰 섰고, 일부 지역에서는 인터넷과 통신도 중단돼 수백만 명의 삶이 직접 영향을 받았다.

정전의 정확한 원인은 즉시 확인되지 않았다. 그러나 사건이 발생한 당일부터 SNS에서는 단순한 원인 해석을 넘어선 여러 형태의 음모론이 퍼지기 시작했다. '기상 무기 실험', 'EU 딥스테이트의 전력망 파괴 계획', '재생에너지 음모론' 등의 주장은 과학적 근거 없이 순식간에 수십만 건 이상 공유됐다. 일부 커뮤니티에서는 'EU가 각국의 에너지 주권을 무력화하려는 의도를 드러낸 것'이라는 주장을 펼치기도 했다.

기후나 날씨와 관련된 사건은 인간의 통제력을 벗어난 주제로 인식되는 경향이 있으며, 이러한 특성은 불확실성과 공포를 더욱 증폭하는 요인이 된다. 트리니티 칼리지 더블린의 물리학자이자 음모론 연구자인 데이비드 로버트 그라임스David Robert Grimes 교수는 "기후 와 날씨는 매우 복잡하고 설명하기 어렵기 때문에 사람들이 무력감 을 느끼기 쉽다"라고 분석했다. 그는 특히 음모론이 확산되는 조건으 로 '감정 유발'을 강조했다. "분노나 공포와 같은 부정적 감정을 유도 하는 설명이 가장 빠르고 널리 퍼진다"는 설명이다.

정전 사태 이후 실제로 유럽 내 일부 온라인 커뮤니티와 정치 성 향이 뚜렷한 채널에서는 태양광 및 풍력 에너지에 대한 비난이 폭증 했다. 이들 플랫폼에서는 "재생에너지는 안정적 전력망 유지에 실패 한다", "이 정전은 신재생에너지 정책의 위험성을 드러낸 사례다"라 는 식의 주장이 속출했다. 이는 곧 정치권으로 확산됐고, 스페인과 포 르투갈의 일부 보수 정당은 정전의 원인을 둘러싼 논쟁을 정부의 기 후 정책 비판과 연결지었다.

따라서 스페인 정전 사태는 단순한 전력 공급 장애가 아니라 정 보 확산의 메커니즘과 음모론이 결합하는 모습을 보여준 사례라고 평 가할 수 있다. 과학적 검토와 데이터 분석은 시간이 걸리는 반면 감 정적으로 구성된 메시지는 훨씬 빠르게 확산된다. 특히 "그들은 우리 에게 진실을 숨기고 있다", "모든 것은 계획된 것이다"라는 식의 프 레임은 복잡한 과학적 원인 분석보다 훨씬 이해하기 쉽고 강한 인지 적 자극을 제공한다.

정전 사태 이후 유럽 각국 정치권에서도 기후와 에너지 정책을 둘 러싼 논쟁이 격화했다. 프랑스, 독일, 이탈리아 등 일부 국가에서는 재생에너지 확대 정책을 재검토해야 한다는 주장이 힘을 얻었으며, 반대로 친환경 진영은 "이번 사태를 기후위기의 예고편으로 봐야 한다"라며 대응 강화를 촉구했다.

이념에 따라 전혀 다른 해석이 나오는 가운데 기술적 조사와 과학적 분석은 상대적으로 주목을 덜 받고 있다. 아울러 정책 결정 역시 감정과 정치적 입장에 의해 좌우되는 경향마저 보인다. 이처럼 기후 이슈는 점차 과학의 영역을 벗어나 정치적 이념과 정보 권력의 경쟁 장이 되고 있다. 이는 향후 국제적 기후 대응에도 심각한 영향을 미칠 수 있기에 각별한 관심이 필요하다.

국제기구와
'보이지 않는 적'의 서사

오늘날의 음모론은 상상력에서 비롯된 잘못된 믿음이 아니라 디지털 플랫폼의 알고리즘 구조, 글로벌 정보 생태계, 감정 중심의 콘텐츠 소비 양식, 정치적 이해관계가 교차하는 복합적인 네트워크 현상이다. 유튜브, 페이스북, 텔레그램, 왓츠앱 같은 글로벌 플랫폼은 이러한 구조의 중심에서 언어와 문화를 뛰어넘는 불신의 연결망을 형성하고 있다.

지금의 음모론 커뮤니티는 국경마저 초월한다. 한국의 큐어넌 계열 커뮤니티는 미국 텔레그램 채널을 번역해 공유하고, 독일의 기후 음모론 네트워크는 미국에서 나온 반과학 서적을 인용해 자체 콘텐츠를 제작한다. 브라질 극우 복음주의 집단은 미국 종말론 서사를 지역 문화에 맞게 가공해 전파한다. 음모론이 언어와 국가의 경계마저 넘는 '트랜스내셔널 신념 체계'로 진화하고 있는 것이다.

이와 같은 공동체는 폐쇄된 정보 체계 속에서 자체 언어를 생성하고, 내부 결속을 강화하며, 외부 비판을 탄압으로 인식한다. 독특한 밈, 유머, 은어를 통해 형성된 '공동체적 정체성'은 음모론을 단순한 믿음이 아니라 '소속감'이자 '저항의 방식'으로 만들고 있다.

새로운 '대안 권위'도 형성된다. 유튜브, 블로그, 인스타그램 등에서 활동하는 일부 인플루언서는 복잡한 사회 문제를 단순한 서사로 압축하며 주류 미디어와 과학계의 정보를 거짓으로 치부한다. "나는 당신의 편이다"라는 감정적 메시지로 신뢰를 형성하며, 사실보다는 정서와 정치적 동질성을 중심으로 인식을 설계한다.

이 같은 신념 구조에서 국제기구는 주요 타깃이 된다. 세계보건기구, 유엔, 유럽연합, 세계경제포럼 등은 '국제 권력'의 이름 아래 주권을 침해하는 초국가적 통제 기구로 묘사된다. 특히 유엔의 지속가능발전목표SDGs는 주요 음모론 대상이 되고 있다. 환경 보호, 젠더 평등, 빈곤 퇴치 같은 국제적 가치들은 '엘리트가 세계를 단일한 가치로 지배하려 한다'는 시각으로 재해석된다. 기후 협약은 '탄소세를 통한 통제', 인권 협약은 '전통 가족 해체 계획', 디지털 화폐는 '현금 없는 감시 사회의 서막'으로 바라보는 식이다.

이러한 불신은 오늘날 꼭 필요한 국제 협력을 약화시킨다. 기후 위기, 감염병, 난민, 디지털 범죄 등은 개별 국가 차원에서 해결이 어려운 초국가적 문제다. 하지만 음모론적 담론은 이 배후의 '보이지 않는 적'을 의심하며, 국내 정치에서 반세계화, 반국제연대 정서를 부추긴다. 심지어 일부 정치인은 이 담론을 전략적으로 활용한다. 국제 협약을 '외세의 간섭'으로 규정하거나 국제기구의 권고를 '내정 간섭'으로 프레이밍하며 지지층 결속을 도모하는 것이다. 그 결과 글로벌 협력의 기반을 약화하고, 민주주의 체계 전반을 위협하는 결과로 이어질 수 있다.

음모론을 전략적으로 활용하는 대표적 인물이 바로 도널드 트럼프 미국 대통령이다. 그는 2025년 9월 23일, 6년 만에 유엔 총회 연단에 복귀해 연설했다. 그런데 그는 유엔 총회를 세계의 협력을 촉구하는 무대가 아닌, 음모론적 시각을 확산하는 무대로 악용했다.

그는 기후변화, 에너지, 국제기구, 그리고 유엔 자체를 '사기'와 '무능'으로 규정하며 기존 질서에 대한 전면적 불신을 드러냈다. 특히 기후위기를 "인류 역사상 가장 큰 사기극"이라 단정했다. 그는 "기온이 오르든 내리든 전부 기후변화라고 부른다"라며 과학적 기후 논의를 조롱했고, 탄소 배출 규제를 "서구 산업을 망하게 하는 거짓 정책"으로 비난했다. 탄소 발자국Carbon Footprint 개념 역시 "악의적 의도를 가진 자들의 조작"이라고 주장했다. 이는 과학적 논의를 정치적 음모로 치환하는 대표적 수사다.

이 같은 접근은 백신 정책에서도 비슷하게 나타난다. 트럼프가 임명한 로버트 F. 케네디 주니어 보건복지부 장관은 반反백신 운동의 대표적 인물이다. 케네디 장관은 질병통제예방센터CDC를 "제약업계의 도구"라고 비난하며 수장을 해임하고 자문기구를 해체했다. 이후 백신이 자폐증을 유발한다는 허위 주장을 반복하고, 과학적 합의를 부정하는 정책을 밀어붙이고 있다.

이들의 공통된 전략은 과학과 국제 질서를 음모로 규정하고, 이를 공격함으로써 지지층 결속을 강화하는 것이다. 유엔 총회라는 세계 무대조차 그런 전략의 일부로 활용되었다.

이 같은 전략은 미국만의 일이 아니다. 브라질의 자이르 보우소나루 전 대통령은 기후변화와 코로나19 대응을 모두 "좌파 엘리트의 음모"로 규정했다. 그는 아마존 파괴와 팬데믹 대응 실패에도 불구하고, 반과학·반국제기구적 언사로 국내 지지를 유지했다.

헝가리의 빅토르 오르반 총리는 EU를 "국가 주권을 침해하는 외세"로 묘사하고, 이민 정책과 기후 논의를 조지 소로스와 연결된 음모론으로 묘사해 정치화했다. 필리핀의 로드리고 두테르테 전 대통령은 유엔 인권이사회를 향해 적대적 태도를 취하여 국내 통제를 강화하는 수단이라고 비난하며 국제기구에 대한 불신을 조장했다. 영국 브렉시트의 주역 나이젤 패라지는 EU와 기후위기 논의를 "국민 자유를 침해하는 허구"로 규정하며, 과학적 합의에 맞서는 정치적 움직임을 조직했다.

이들 정치인은 공통적으로 과학, 국제기구, 전문가 집단을 신뢰할 수 없는 '은폐된 권력'으로 묘사한다. 그 결과, 복잡하고 장기적인 문제 해결보다는 단순한 적대 구도를 통해 정치적 지지와 권력을 강화하는 전략이 확산되고 있다.

음모론 팬데믹에
맞서라

강조했듯이 음모론은 전 세계적으로 나타나는 감정 구조이자 각 지역의 역사와 정치, 지정학, 정보 환경이 교차하는 복합적인 현상이다. 특히 아프리카, 중동, 남미, 아시아와 같은 비서구권에서는 음모론이 단순한 허위정보가 아니라 억압받은 기억과 외세 개입의 경험에 기반한 일종의 저항 언어로 작동하는 경향이 뚜렷하다.

여기서 핵심 배경은 식민주의와 서구 개입의 역사다. 가령 아프리카에서는 백신과 의료 시스템에 대한 불신이 단순한 오해에서 비롯된 것만은 아니다. 과거의 실제 의료 실험과 위생 정책이 인종차별적으로 운영됐던 역사적 경험이 이런 불신의 밑바탕에 있다. 남아프리카 공화국의 인종 분리 정책 시절이나 나이지리아 북부에서의 비윤리적 백신 실험 사례는 오늘날 '의학은 통제 수단'이라는 불신을 생생한 감정으로 정착시켰다. 이러한 경험은 음모론에 정당성을 부여하며, 단순한 비합리적 반응으로 간주하기 어렵게 만든다.

중동과 남미 지역에서도 비슷한 정서가 발견된다. 미국과 유럽의 정치·경제적 개입에 대한 뿌리 깊은 의심은 "IMF는 서구 제국주의 도구", "NGO는 정보 수집을 위한 위장 조직", "환경보호는 자원 통제 전략"과 같은 내러티브로 표현된다. 실제로 미국 등의 강대국이 부당한 내정 간섭을 한 일이 있었기에 이러한 내러티브가 힘을 얻기 쉽다. 이는 종종 반서구 민족주의와 결합해 대중의 분노를 외부로 향하게 하며 정치권력은 이러한 담론을 통해 정당성을 강화하기도 한다.

또 하나 주목할 점은 국가 주도로 확산하는 음모론이다. 러시아와 중국은 자국 내 언론 및 온라인 플랫폼을 통제하며 외부 비판을 '정보전' 혹은 '심리전'으로 간주한다. 가령 러시아는 유럽의 북대서양조약기구NATO 확대를 '포위 전략'으로 묘사하고, 중국은 인권 문제 제기를 '서구의 대중국 견제'로 설명한다. 이러한 국가 주도 음모론은 국내 통제를 정당화하고, 국제 비판에 대해 자국민의 방어 심리를 자극하는 기능을 한다.

흥미롭게도 서구권과 비서구권의 음모론은 점점 더 많이 영향을 주고받고 있다. 예를 들어 러시아에서 유포된 '우크라이나 생물무기 연구소 음모론'은 미국의 극우 커뮤니티로 확산한 뒤 다시 세계 각지로 퍼졌다. 미국에서 시작된 큐어넌 콘텐츠는 한국, 독일, 브라질 등에서 현지어로 번역돼 현지 정치 담론과 융합되며 전파되고 있다. 이 역시 음모론이 단순히 '수입'되거나 '전파'되는 정보가 아니라 지역 감정과 결합해 재구성되는 '로컬-글로벌 하이브리드'라는 점을 보여준다.

지금까지 보았듯 음모론은 어느 한 나라나 지역만의 문제가 아니며, 전 세계적인 흐름이라고 할 수 있다. 음모론은 나라 안에서 사회

적 불신을 심어주는 것처럼, 나라들 사이에 적대감을 부추기고 국제
연대를 훼손하는 '팬데믹'이 되고 있다. 이렇듯 음모론이 전 지구적 문
제인 만큼 대응 역시 전 지구적 차원에서 이뤄져야 한다. 그를 위해서
는 정치, 언론, 학계, 시민단체 등에서 다각도의 노력이 필요할 것이다.

8

음모론에 빠진 사람을
어떻게 되돌릴 수 있을까

어떻게 어떤 사람들은
음모론에서 돌아올 수 있었을까?

"그들은 미친 사람이 아닙니다."

CNN 기자 도니 오설리번Donie O'Sullivan은 이렇게 말했다. 그는 지난 몇 년간 수백 명의 미국인을 인터뷰했다. 그들 대부분은 음모론을 믿고 있었다. 하지만 그는 그들을 조롱하지 않았다. 왜일까. 그들은 부모였고, 친구였으며, 우리와 다르지 않은 평범한 이웃이었기 때문이다.

오설리번 기자는 2025년 5월 CNN 기고문에서 이렇게 말했다.

"우리는 그들을 모두 미친놈이라고 낙인찍고 싶어 하지만 그건 사실이 아닙니다."

많은 사람들은 외롭고 혼란스러운 상황 속에서 단 하나의 믿음을 붙잡은 것뿐이다.

여러분도 혹시 이런 경험이 있지 않은가. 누군가가 대화 도중 '숨겨진 정부의 음모가 있다'라거나 '선거는 조작됐다'는 말을 한 적 말이다. 그 순간 "도대체 왜?"라는 생각이 들었을지도 모른다. 하지만 음모론은 황당한 믿음이 아니며 그 밑에 심리적인 이유가 있다.

예를 들어보자. 케네디 대통령 암살에 대해 미국인 중 상당수는 단독 범인의 소행이라고 믿지 않았다. 더 극단적인 경우에는 "아직 살아 있다"라고 주장하는 사람들도 있다. 이게 정말 말이 될까. 그런데 돌이켜 생각해보면 우리도 종종 미신이나 징크스, 사주 같은 비과학적 믿음에 의지한다. 그런 믿음이 안정감을 주기 때문이다. 음모론도 마찬가지다. 불안한 시대에 사람들에게 확신을 준다.

코로나19 팬데믹 시기를 기억해보자. 사람들은 고립됐고, 정부와 제도에 대한 신뢰는 흔들렸다. 그 틈을 타 질병에 대한 각종 허위정보가 쏟아졌다.

오설리번은 그 시기를 지켜보며 질문했다.

"사랑하는 사람이 토끼굴에 빠졌을 때 우리는 어떻게 해야 하나."

그는 단순히 진실을 전달하는 것만으로는 부족하다고 말한다. 사람은 '무엇을 믿는가'보다 '왜 믿는가'에 더 깊이 영향을 받는 존재라고.

그는 심리학자들과 함께 '왜 사람은 음모론에 빠지는가'에 대해 탐구했다. 결론은 명확했다. 사람은 원래 비이성적 믿음에 끌릴 수 있는 존재라는 것이다. 어딘가 잘못된 게 아니라 그게 본성이다. 사실 오설리번 자신도 강박 장애, 불안, 우울증을 겪은 경험이 있다. 이런 고통이 음모론에 빠진 사람들과의 공감으로 이어졌다고 고백했다. 그는 큐어넌 신봉자였던 사람들도 인터뷰했다. 그들은 하나같이 말했다. 삶이 너무 혼란스러웠고, 큐어넌이 유일하게 자신을 받아준 곳이었다고. 그곳에 '진실'은 없었지만 '환대'가 있었다. 그래서 빠졌고, 그래서 머물렀다.

놀라운 사실은 그들 중 일부는 돌아왔다는 점이다. 어떻게 돌아올 수 있었을까. 누군가가 그들을 기다려주었기 때문이다. 그들의 믿음을 조롱하지 않고, 그 사람 자체를 포기하지 않았기 때문이다. 물론 이런 공감은 쉽지 않다.

몇 년간 황당한 주장만 해온 가족이나 친구에게 다시 마음을 열기는 어렵다. 그렇지만 누군가 그를 받아들여주지 않는다면 더 깊은 어둠 속으로 빠질 수밖에 없다. 음모론 커뮤니티는 거짓을 말하지만 한편으로 '소속감'과 '존중'을 제공한다. 그것이 가장 무섭고도 강력한 점이다.

물론 공감이 필요하다고 모든 음도론에 공감할 수는 없다. 큐어넌은 폭력을 조장하고, 인종차별과 반유대주의를 퍼뜨린다. 이런 극단주의에는 단호히 맞서야 한다. 그럼에도 불구하고 대화는 필요하다. 침묵은 고립을 키우고, 고립은 더 강한 믿음으로 이어지기 때문이다.

오설리번은 언론의 책임도 언급했다. 언론이 오랫동안 음모론 신봉자를 '괴짜'나 '광신자'로 묘사해온 탓에 이들은 주류 사회에 더욱더 등을 돌렸다. 결과적으로 언론에 대한 신뢰도 함께 무너졌다.

그래서 그는 다른 길을 제안한다. 조롱이 아닌 경청, 배제보다 포용, 싸움보다 대화다. 그것이 혼란의 시대를 건너는 방법이다. 음모론에 빠진 이들은 고통 속에서 답을 찾고자 했던 사람들이다. 그 길이 잘못된 방향이었다 해도 돌아서게 만드는 힘은 결국 사람 사이의 신뢰다.

이제 묻는 방식도 바꿔야 한다. "왜 저런 말을 믿지?"가 아니라 "왜 그 믿음을 가질 수밖에 없었을까?"라고. 그렇게 묻는 것에서부터 새로운 대화를 시작할 수 있다. 이 장에서는 그런 대화의 방법을 알아보자.

어느 날 아버지가
이상한 말을 한다면

어느 날 미국 공영방송 NPR 기자인 잭 맥Zach Mack은 아버지로부터 이상한 음성 메시지를 받았다. 내용이 충격적이었다. 전자기 펄스EMP 공격으로 미국 전체가 마비될 것이라는 예고였다. 아버지는 두 달치 식량과 물을 준비하라고 당부했다. 아버지는 진심이었다.

잭은 혼란스러웠다. 아버지는 항상 유쾌하고 낙관적인 사람이었다. 하지만 어느 순간부터 정부가 날씨를 조종하고 코로나 백신에 마이크로칩이 들어 있다고 믿는다. 트럼프가 선거 없이 대통령으로 복귀할 것이며 바이든과 오바마는 반역죄로 처벌받을 거라는 말까지 한다.

잭은 이 상황을 해결하고 싶어 아버지와 대화를 시도했다. 그리고 두 사람은 내기를 하게 된다. 아버지가 2024년에 벌어질 일들을 열 가지 예측하고, 그중 하나라도 틀리면 잭에게 1만 달러를 주기로 한 것이다. 아버지는 세계를 통제하는 음모가 있다고 믿으며, EMP 공격, 계엄령, 주요 정치인의 반역죄 재판 같은 예측을 했다.

잭에게 이 내기는 단순한 도박이 아니라 가족의 미래가 달린 실험이었다. 잭은 아버지의 믿음을 완전히 없앨 수는 없어도 조금이라도 궤도를 수정한다면 상황이 바뀔 수 있다고 생각했다.

내기가 진행되는 1년 동안 잭은 아버지의 믿음을 단순히 반박하는 대신 왜 그런 믿음을 갖게 되었는지를 파고들었다. 아버지의 친구들과 이야기를 나누며 그가 과거 자유분방한 사람이었다는 사실, 그리고 시간이 지나며 점점 외로워지고 공동체에서 소외되며 변했다는 점을 알아냈다. 오랜 친구들조차 아버지와 거리를 두게 됐고, 그는 점차 음모론 공동체에 자신을 의탁하게 됐다.

지금껏 봤듯이 음모론은 단순한 정보 문제가 아니다. 전문가들은 음모론이 정체성과 공동체, 의미에 대한 깊은 욕구에서 비롯된다고 분석한다. 종교적 극단주의, 외로움, 죽음에 대한 두려움은 음모론을 강화한다.

잭은 대화를 통해 점점 아버지를 이해하게 됐다. 잭은 아버지가 자신의 아버지로부터 불신과 고집, 제도에 대한 반감을 물려받았다는 점을 되짚었다. 아버지의 아버지, 즉 잭의 할아버지는 백신을 거부하며 의료 체계를 받아들이지 않고 고립된 삶을 살다 교통사고로 사망했다. 아버지 역시 점차 고립되다가 뒤늦게 삶의 의미를 찾으려 하며 자비 출판으로 책을 쓰고 작은 성경 모임을 주도했다. 그 안에서 자신을 받아주는 사람들을 만났다. 아버지는 종교적 신념 속에서 정체성을 찾았고, 가족과 친구들의 조언보다는 자신을 받아주는 소규모 공동체에 의지하게 되었다.

내기 마감일이 다가오자 잭은 아버지에게 심리상담을 받아보거나 다른 관점을 가진 교회에 가보자고 부탁했다. 마지막 통화에서 아버지는 말했다. "이 대화만으로도 충분히 가치 있었어. 우리가 함께한 시간은 돈으로도 살 수 없는 거였어." 잭은 확신할 수 없지만 그 말이 거짓은 아니라 믿고 싶었다.

이듬해 1월 1일 잭과 아버지는 내기의 결말을 확인하기 위해 마주 앉았다. 아버지가 내건 10가지의 예측은 하나도 맞지 않았다. 잭은 하나씩 조목조목 반박했고 아버지는 마침내 "내가 틀렸고 네가 맞았다"라고 말했다.

하지만 아버지는 곧 "단지 타이밍이 틀렸을 뿐"이라며 여전히 모든 예측이 언젠가는 현실이 될 것이라 믿었다. 아버지의 믿음은 달라지지 않았고, 이 내기를 통해 가족이 회복되기를 바란 잭의 희망은 빗나갔다. 어머니는 더 이상 음모론자와 같이 살 수 없다며 40년 결혼 생활을 끝냈고, 여동생은 크리스마스에 집에 오지 않았다. 가족은 아버지의 믿음으로 인해 분열되었지만, 아버지는 그것이 자기 신념 때문이 아니라 가족의 '판단' 때문이라고 주장했다.

그럼에도 잭은 아버지와의 대화를 통해 서로를 조금 더 이해하게 되었다. 잭은 아버지의 믿음을 단순히 비판하지 않고, 그것이 어디서 비롯되었는지, 무엇을 의미하는지 탐색했다. 아버지는 아들이 던지는 쉽지 않은 질문에 정직하게 답하려 노력했다. 그러면서 자신이 그런 믿음을 왜 가지게 되었는지, 그로 인해 가족에게 어떤 영향을 주었는지 돌아보게 됐다. 잭은 말한다. "이건 아버지와 저, 둘 다의 현실을 되돌아보는 여정이었다. 승패보다 중요한 건 서로를 존중하는 방법을 다시 배우는 것이었다."

잭은 아버지와의 내기를 통해 음모론을 믿는 가족과 어떻게 소통할 수 있는지 탐색했다. 아버지의 믿음을 당장 바꾸는 데는 실패했지만, 아버지와의 관계가 더 깊어질 수 있었다. 잭은 "올해는 힘들었지만 아버지와 더 가까워진 해이기도 했다"라고 말한다. 그는 소중한 사람과의 관계 유지가 음모론에서 벗어나는 첫걸음이라는 사실을 깨달을 수 있었다.

비판과 설득보다
공감이 효과적이다

이번엔 2024년 11월 영국 일간지 《가디언》에 실린 루실 하우Lucille Howe의 이야기를 살펴보자. 그녀는 음모론에 빠진 남편을 변화시킨 자신의 경험을 1인칭 시점에서 담담히 써 내려갔다.

그녀의 남편 아를로는 원래 따뜻하고 모험심 강한 사진작가였다. 함께 여행하고 도시를 걷던 시간들은 세상을 더 넓고 흥미롭게 느끼게 해주었다. 그러나 코로나19가 시작되면서 그가 믿는 세계는 점점 달라졌다.

처음엔 5G 전파의 위험을 걱정했고, 이어서 백신 속 나노칩, 디지털 감시, 세계경제포럼의 인구 통제 음모론까지 받아들이게 되었다. 그는 '해양법'을 이용해 빚을 없앨 수 있다고 믿었고, 암호화폐에 집착하기 시작했다. 도지코인에 수천 파운드를 투자했고, 의심스러운 웰니스 커뮤니티와 세미나에 돈을 썼다. 포르투갈에 이상적인 공동체를 만들려는 계획에 빠져들기도 했다. 벌금 체납으로 자동차가 압류됐고, 신용카드는 한도에 도달했다.

루실은 점점 지쳐갔다. 친구들과의 관계는 멀어졌고, 가족만이 그녀의 고통을 이해했다.

그러나 그녀는 남편을 완전히 포기하지 않았다. 그의 극단적인 믿음 뒤에는 '불안'이라는 감정이 숨어 있다는 걸 서서히 깨달았기 때문이다. 세상이 무너질 것 같은 공포 속에서 그는 가족을 지키려 했고 그 결과 음모론에 빠진 것이었다. 루실은 논리보다 공감으로 접근하기로 마음먹었다. 산책을 함께하고, 영화를 보고, 일상적인 대화를 조심스럽게 이어가며 연결의 끈을 놓지 않았다.

남편의 변화는 단번에 오지 않았다. 그 역시 계속 실수하고, 때때로 더 깊은 음모론으로 빠지기도 했다. 하지만 전환점은 있었다. 포르투갈로 떠난 6주간의 여행에서 그는 자신이 믿고 있던 이상적인 웰니스 커뮤니티의 실체를 목격했다. 재단의 부실한 운영과 안전하지 않은 환경은 처음으로 의심을 품게 했다. 이후에도 재단으로부터 금융 사기를 당하며 신념이 크게 흔들렸다. 루실과 함께 직접 사무실을 찾아갔지만 투자한 돈은 돌려받지 못했다. 그 충격은 그에게 현실을 직시할 수 있는 계기가 되었다.

그는 자신이 틀렸다고 조용히 말했다. "난 정말 엉망이었어. 무서웠지만, 더 잘할게." 그는 다시 사진작가 일을 시작했고, 루실이 재정을 관리할 수 있도록 공동 계좌를 만들었다. 더 이상 국경 폐쇄를 걱정하지 않았고, 포르투갈 땅도 이제는 단지 '가끔 가는 휴양지'일 뿐이었다. 이 작은 변화들이 모여 두 사람의 관계를 되돌리는 발판이 되었다.

모든 게 완벽히 예전으로 돌아오지는 않았다. 여전히 몇몇 친구는 그와의 대화를 피하고, 루실 역시 그의 유튜브 구독 내역을 주의 깊게 살핀다. 그러나 이제 두 사람은 서로를 감시하거나 고치려 하지 않는다. 대신 조금 더 현실적이고, 조금 더 진실된 방식으로 서로를 바라보게 되었다.

이 이야기는 음모론의 위험성을 보여주는 동시에, 관계를 단절하지 않는다면 다시 회복될 가능성이 있다는 걸 말해준다. 정답을 강요하기보다 이해와 기다림이라는 느린 언어로 사람을 품을 수 있다는 걸 루실의 경험은 가르쳐준다.

음모론에 빠진
아이 구하기

"지구는 평평해." "백신은 독이야." "코로나는 정부가 만든 거짓말이야."

아이들이 이런 말을 진지하게 꺼낸다면 부모나 어른들은 당황할 수밖에 없다. 하지만 이제 이런 이야기는 낯설지 않다. 미국에서는 교사들이 현장에서 겪는 고충을 토로하고 있다. 학생들이 "홀로코스트는 조작된 역사"라고 주장하고, 코로나19는 "존재하지 않는 병"이라고 말한다고. 장난이 아니었다. 아이들은 그 내용을 사실로 믿고 있었고, 대부분의 정보 출처는 유튜브나 SNS였다.

스탠퍼드 대학교의 연구에 따르면 미국 고등학생 대다수는 온라인 정보를 비판적으로 바라보는 능력이 부족하다. 특히 유튜브나 페이스북 같은 플랫폼은 알고리즘에 다라 사용자의 관심에 맞춰 콘텐츠를 추천한다. 이 과정에서 점점 더 자극적이고 극단적인 내용이 노출된다. 실제로 연구진이 '월식'을 검색했을 때, 추천 알고리즘은 '지구는 평평하다'는 주장을 담은 음모론 영상으로 사용자를 유도했다.

이처럼 청소년이 음모론에 빠지기 쉬운 이유는 뭘까. 발달심리학 연구에 따르면 아이들은 14세 전후부터 정서적으로 불안정해지고 감정 조절이 어려워진다. 동시에 소셜미디어 사용 시간도 급격히 늘어난다. 이 시기에 '모든 사람은 속고 있다'는 식의 음모론적 사고방식은 강한 확신과 함께 아이들에게 큰 영향을 끼친다. 스탠퍼드 대학교 연구진이 고등학생 8000명을 대상으로 조사한 결과 SNS에 나타난 허위정보에 의문을 제기한 학생은 20%도 되지 않았다.

청소년을 대상으로 음모론에 얼마나 취약한지 측정하려는 시도도 있다. ACBQ(Adolescent Conspiracy Belief Questionnaire, 청소년 음모론 신념 척도)는 "정부는 진실을 숨긴다"와 같은 문장에 얼마나 동의하는지를 통해 신념 수준을 알아보는 도구다. 연구에 따르면 심리적 불안과 사회적 고립감이 클수록 음모론 점수도 높게 나타나는 경향이 있다. 한국에서도 비슷한 문제가 점점 더 드러나고 있다. 특히 정보 격차가 큰 지역일수록 더 취약하다.

이런 상황에서 주목받는 해법이 바로 '미디어 리터러시 교육'이다. 이는 정보를 무조건 믿지 않고, 누가 만들었는지, 왜 퍼지는지, 얼마나 신뢰할 수 있는지를 따져보는 능력을 길러주는 교육이다. 쉽게 말해 "이건 진짜일까?"라고 질문하고, 그에 대한 답을 스스로 찾는 힘을 키우는 것이다. 특히 저소득층 학생이나 교육 소외 지역에 우선적인 지원이 필요하다. 이는 단지 정보 소비를 넘어 미래 시민으로서 책임 있는 태도를 기르게 하는 중요한 교육이다.

하지만 이런 교육이 제대로 이루어지고 있는 곳은 드물다. 대부분 학교에서는 여전히 표절 방지나 저작권 교육에 그치고 있으며, 가짜 뉴스나 음모론 대응 교육은 거의 없다. 교육 방식도 통일돼 있지 않다. 어떤 수업은 언론의 신뢰성을 강조하고 또 어떤 수업은 정보 생산자의 동기를 분석하게 한다. 어떤 방식이 실제로 효과적인지는 명확히 밝혀지지 않았다.

더군다나 과도한 의심을 조장하는 교육은 오히려 부작용을 낳을 수 있다. "세상은 믿을 수 없어"라는 냉소주의를 키우고, 결국 어떤 정보도 믿지 않는 무관심으로 이어질 수 있기 때문이다. 하버드 대학교 교육심리학자 윌리엄 페리는 아이들이 처음에는 흑백논리에 빠지지만 시간이 지나면 모든 것이 상대적이라는 사고로 넘어간다고 말한다. 문제는 여기서 "진실은 없다"라는 결론에 도달할 경우 아이들이 사회 참여 자체를 포기하게 될 수 있다는 점이다.

그렇다면 부모는 자녀가 음모론적 주장을 펼칠 때 어떻게 대응해야 할까? 가장 먼저 중요한 건 아이를 비난하거나 무시하지 않는 태도다. "그게 말이 돼?"라는 반응은 아이를 더 깊은 음모론 세계로 밀어넣을 수 있다. 대신 "그 정보는 어디서 봤니?", "왜 그렇게 생각했어?"라고 묻고, 아이와 함께 출처를 찾아보며 대화의 문을 여는 것이 중요하다.

사실을 바로잡는 것보다 아이가 스스로 질문하고 판단하도록 돕는 것이 핵심이다. 예를 들어 뉴스 기사나 SNS 게시물을 함께 읽고, 팩트체크를 하는 활동은 교육적 효과가 크다. 정보가 왜 만들어졌는지, 누가 그 정보로 이익을 보는지 따져보는 연습도 필요하다.

교육의 목적은 모든 것을 의심하게 만드는 것이 아니라 혼란 속에서도 분별하고 참여할 수 있는 힘을 길러주는 데 있다. 결국 우리가 아이들에게 가르쳐야 할 것은 '진실'이 아니라 '진실을 찾는 방법'이다. 정보의 홍수 속에서 방향을 잡아주는 나침반 같은 교육, 그것이 지금 우리에게 가장 필요한 일이다.

사랑은 음모론에
흔들리지 않는다

"부모님이 화산이 곧 폭발할 거라고 말합니다. 과학자들은 그렇게 말하지 않는데요. 이건 도대체 어디서 나온 소리일까요?"

사람이 거주하는 지역 근처의 화산은 과학자들이 항상 주시하며 이상이 감지되면 경고한다. 분화는 절대 사전 경고 없이 일어나지 않는다. 그러나 그의 부모는 화산 폭발이 임박했고, 정부가 그 사실을 숨기고 있다고 확신했다.

이 짧은 사연은 지금 전 세계 수많은 가정에서 벌어지고 있는 현실을 보여준다. 단순히 화산 폭발이 아니라 더 민감하고 치명적인 음모론이 퍼지면서 가족 간에도 분열과 갈등이 벌어지고 있다.

가족은 원래 가장 안전하고 믿을 수 있는 공동체다. 서로 다투기도 하고 갈등도 있지만 기본적인 신뢰와 애정이 바탕에 있다. 그런데 음모론은 이러한 신뢰 구조를 정면으로 흔든다. 가족 중 누군가 "정부를 믿지 말라"고 말하기 시작하면서, 가족은 더 이상 같은 뉴스를 보지 않고 같은 현실을 공유하지 않게 된다.

전 세계 곳곳의 커뮤니티에는 매일 비슷한 이야기들이 올라온다. "아버지가 백신은 마이크로칩이라고 생각해요." "남편이 어느 날부턴가 유튜브에서 본 이야기만 믿어요." "엄마는 이제 뉴스를 믿지 않아요. 대신 텔레그램 채널을 보죠."

다른 가족들이 그런 건 거짓이고 가짜 뉴스라고 말해도 갈등만 깊어진다. 이들은 "같은 말을 해도 믿지 않아요. 제가 속았다고 말하죠"라며 이제는 같이 웃고 여행도 다닌 가족들끼리 한 문장도 통하지 않게 됐다고 토로한다.

이런 상황은 대화로 풀기 어렵다. 지식의 문제가 아니라 신념의 문제이기 때문이다.

앞에서 살펴본 사례들처럼 음모론에 빠진 가족과 논리적으로 싸우는 건 해결책이 아니다. 핵심은 지속적인 관계 유지와 관심이다. 가족 구성원 중 누군가가 음모론에 빠지기 시작하면 처음엔 이상하다고 느낀다. 하지만 시간이 지날수록 그것은 단순히 '이상한 이야기'가 아니라 관계의 균열로 이어진다.

많은 사람들이 이런 고민을 나눈다.

"언제부터 이런 사람이 된 걸까요?" "어떻게 하면 다시 우리 말을 듣게 만들 수 있을까요?"

전문가들은 하나같이 말한다. 논쟁하지 말라고. 증거를 제시하지 말라고. 그 대신 질문하라고 말이다.

"그건 어디서 들었어?" "그 영상은 누가 만든 거야?" "그 사람은 왜 그렇게 말할까?"

이런 질문은 상대가 자신의 생각을 조금씩 다시 살피게 한다. 중요한 건 '관계'를 유지하는 것이다. 한 번에 바꾸려 하지 말고 그 사람이 여전히 소중하다는 걸 느끼게 해줘야 한다. 때로는 그 확신 뒤에 외로움과 두려움이 숨어 있기 때문이다.

당신의 가족이 변했다고 느껴질 수 있다. 예전처럼 웃지 않고, 함께 뉴스를 보지 않고, 이상한 이야기를 진지하게 말한다. 그러나 그 사람의 본질까지 바뀐 것은 아니다. 그 안에 있던 사랑, 연대, 따뜻함은 사라지지 않았다. 그것을 기억하는 사람이 바로 당신이다.

"지금은 말이 통하지 않아요."

"하지만 나는 기다릴 거예요."

"다시 우리가 함께 이야기할 수 있는 날이 올 거라고 믿습니다."

이 말은 낭만적인 것만이 아니라 아주 현실적인 희망이다. 음모론에 빠진 사람도 언젠가는 돌아올 수 있다. 다만 그 과정은 느리고, 상처가 많고, 시간이 오래 걸릴 수 있다.

중요한 건 관계의 끈을 놓지 않는 것이다. 사람에 대한 신뢰는 가장 강력한 진실이다. 믿음을 바꿀 수 있는 건 정보가 아니라 사랑이다. 그 사랑은 지금도 충분히 강하다.

9

음모론에
맞서는 방법

음모론에 맞서는
5가지 전략

지금까지 음모론의 개념과 특성부터 음모론의 유래와 역사, 그리고 음모론이 국가나 가정, 사회에 가져온 다양한 폐해까지 짚어봤다. 그리고 음모론이 언어와 국경을 넘어 어떻게 전 세계로 퍼져가는지도 살펴봤다. 이를 토대로 이제부터는 어떻게 음모론을 극복할 수 있을지 대안과 해법을 모색해보고자 한다.

앞에서 계속 강조했듯이 음모론은 단순히 잘못된 정보가 아니라 신념이고, 정체성이며, 감정이다. 따라서 단순한 사실 확인이나 반박은 효과가 없다는 것이 증명된 사실이다. 심지어 반박 자체가 '음모의 일환'으로 간주되기도 한다. '반박이 되레 공격처럼 느껴지는 믿음의 구조' 때문이다.

인지심리학 연구에 따르면 음모론에 몰두한 사람에게 반대 정보를 제시하면 오히려 자신의 신념을 강화하는 경향이 나타난다. 이것은 음모론이 정보가 아니라 정체성의 일부라는 점을 다시 한번 상기시켜준다.

따라서 효과적인 대응은 반드시 심리적, 사회적 차원을 동시에 고려해야 한다.

심리학과 정치커뮤니케이션 연구에 따르면 음모론 신봉자에게 직접적 반증을 제시하는 전략은 상당한 한계를 지닌다. 다수의 실험·메타분석 결과는 이 집단이 잘못된 정보에 단단히 고착돼 있으며, 반증 정보와 접촉할 때 심리적 방어기제가 강하게 작동한다는 사실을 보여준다. 대표적으로 브렌던 나이한Brendan Nyhan과 제이슨 라이플러Jason Reifler의 연구에서는 정치적 음모론 신봉자 상당수가 반박을 접하면 오히려 기존 신념이 강화되는 역효과backfire effect를 보였다. 정체성에 기반한 신념을 수정하는 과정이 곧 자기 존재에 대한 위협으로 인식되기 때문이다. 다른 연구들은 이를 "정보의 충돌이 아니라 정체성의 충돌"이라고 설명한다.

또한 음모론적 사고가 강한 집단에서는 반박을 하는 정부, 언론, 전문가 등을 이미 '공모 세력'으로 간주하고 있어 반박 자체가 은폐와 조작의 증거로 재해석되는 경향이 높다.

일부 실험에서는 반증 정보를 읽은 참가자의 상당수가 "이렇게까지 반박하는 것은 감추는 것이 있기 때문"이라는 해석을 내놓았다. 음모론 신봉자들은 종종 '확증 편향'에 따라 정보를 선택적으로 수용한다. 자신의 신념과 일치하는 정보는 쉽게 받아들이고, 모순되는 정보는 무시하거나 왜곡해서 해석한다. 이런 상황에서 더 많은 반대 정보만을 제공하는 것은 역효과를 낼 수 있다. 뉴욕 대학교 심리학과 제이 반 바벨Jay Van Bavel 교수는 "음모론은 사실의 문제가 아니라 정체성의 문제"라고 말한다. 따라서 효과적 대응 역시 단순히 사실을 제시하는 것이 아니라 정체성과 소속감의 욕구를 다루는 전략적 접근이 필요하다. 하나씩 차분하게 살펴보자.

퍼지기 전에 막아라: 프리벙킹

음모론 확산을 막는 가장 효과적인 방법은 '퍼지기 전에 막는 것'이다. 이를 프리벙킹Prebunking이라 부른다. '사전 반박'이라고 할 수 있는데, 허위정보가 퍼지기 전 "이런 식의 조작이 곧 나타날 수 있다"라고 미리 알려주는 것이 선제적 면역 효과를 가져온다는 것이다.

예를 들어 "선거가 다가오면 조작설이 나올 수 있습니다. 주의하세요" 같은 메시지를 미리 전달하는 식이다. 이를 통해 후속 정보에 대한 비판적 인식 프레임을 제공하고, 허위정보에 감염되지 않도록 도와준다. 실제로 EU와 핀란드 등은 이런 기법으로 정치적 음모론에 대응해 상당한 효과를 본 바 있다.

케임브리지 대학교 연구팀이 개발한 '가짜 뉴스 게임Bad News Game'은 프리벙킹의 대표적 사례다. 이 게임에서 참가자들은 가짜 뉴스를 직접 만드는 입장이 되어 다양한 조작 기법(감정 자극, 극단화, 허위 전문가 활용 등)을 체험한다. 게임을 해본 사람들은 실제 허위정보에 대한 저항력이 평균 21% 증가했다.

구글과 유튜브는 2022년부터 '프리벙킹 영상 캠페인'을 시작했다.

이 영상들은 특정 주제에 대한 음모론이 등장하기 전에 해당 음모론이 사용할 가능성이 높은 전형적인 수사법과 조작 기술을 미리 소개하는 방식이다. 이 캠페인은 특히 선거 기간 동안 효과적이었으며, 영상을 시청한 이용자의 허위정보 공유율이 약 35% 감소했다.

프리벙킹의 핵심은 '면역 이론'에 기반한다. 마치 백신이 약화된 병원체를 주입해 면역력을 키우듯 프리벙킹은 약화된 형태의 허위정보 논리를 미리 제시함으로써 인지적 면역력을 키워준다. 특히 아직 강한 신념을 형성하지 않은 사람들에게 더 효과적이다.

대화 기반의 교정 전략: 스트리트 에피스테몰로지

2020년대 초 미국과 유럽에서 주목받은 방식 중 하나는 '길거리 인식론'이라 옮길 수 있는 '스트리트 에피스테몰로지Street Epistemology'다. 이는 논박이 아닌 질문을 통해 신념의 근거를 스스로 점검하게 만드는 대화법이다. 예를 들면 다음과 같다.

"그건 흥미롭네요. 그 믿음을 갖게 된 계기는 무엇이었나요?"

"그 정보의 출처는 어떤 방식으로 확인되었나요?"

"만약 반대되는 증거가 나온다면, 입장을 바꿀 수 있나요?"

"그 믿음의 확실성을 0부터 100까지로 표현한다면 얼마나 되나요? 왜 그렇게 생각하시나요?"

"다른 가능한 설명은 생각해보셨나요?"

이런 방식은 방어적 태도를 줄이고 인지적 개방성을 유도한다. 특히 온라인 토론이 아닌 1:1 대화에서 더 효과적이라는 연구 결과도 있다.

'스트리트 에피스테몰로지'는 철학자 피터 버고지언Peter Boghossian의 저서 『신앙 없는 세상은 가능하다A Manual for Creating Atheists』에서 처음 소개됐지만 현재는 종교적 맥락을 넘어 다양한 확증 편향과 음모론적 신념 대응에 활용되고 있다.

소크라테스식 문답법에 기반한 이 접근법의 핵심은 상대방의 신념을 직접 공격하지 않고 그 신념이 형성된 과정과 방법론을 상대와 함께 탐색하는 것이다. 이는 대화 상대를 '설득의 대상'이 아니라 '진실을 함께 찾아가는 동반자'로 대우하는 접근법이다.

미시간 대학교의 사회심리학 연구팀이 2023년 발표한 연구에 따르면 스트리트 에피스테몰로지 기법을 적용한 대화 후 참가자의 68%가 자신의 확신 수준을 낮췄다. 또 47%는 자신의 입장에 대해 더 다양한 가능성을 고려하게 되었다고 보고했다.

미디어 리터러시 교육

장기적 관점에서 가장 핵심적인 대응은 미디어 리터러시 교육이다. 이는 정보 출처의 맥락 파악, 알고리즘의 작동 방식 이해, 자기 신념의 반성 등 복합적 사고능력을 키우는 교육이다.

핀란드는 초·중등 교육 과정에 허위정보 탐지 및 토론 교육을 포함시켜 EU 내 가장 낮은 허위정보 수용률을 보이고 있다. 핀란드의 '현상 기반 학습phenomenon-based learning'은 특정 주제(예를 들면 기후 변화, 선거)를 중심으로 다양한 정보 출처를 비교 분석하고, 이를 통해 정보 평가 능력을 기르는 방식이다. 핀란드에서 배울 수 있는 점을 뒤에서 별도로 살펴보도록 하겠다.

독일은 '유튜브 기반 시민 토론 실험'을 통해 극우 음모론 콘텐츠에 대한 비판적 감수성을 높였다. 이 프로그램에서는 청소년들이 음모론 영상을 함께 시청한 후 구조화된 토론을 통해 해당 콘텐츠의 설득 전략과 감정 조작 기법을 분석한다.

스웨덴의 '출처 비판Source Criticism' 교육은 정보의 제작자, 목적, 맥락을 분석하는 능력을 중점적으로 가르친다. 단순히 '사실 여부'가 아니라 '왜 이 정보가 이런 방식으로 제시되는가'를 질문하는 메타인지 능력을 키워주는 방식이다.

한국은 아직 일부 NGO나 대학 중심의 시범 프로그램에 머물러 있어 국가 차원의 교육 체계 구축이 시급하다. 특히 세대 간 디지털 격차가 크기 때문에 청소년뿐만 아니라 중장년층을 위한 미디어 리터러시 교육도 중요하다는 게 공통된 의견이다.

제도적 대응: 알고리즘 규제와 플랫폼 책임

정보 확산 구조 자체를 바꾸지 않으면 음모론은 계속 증식한다. 이를 개선하기 위해서는 플랫폼의 알고리즘 투명성, 허위정보 유포 채널 제재, 이용자 행동 데이터 공개 등이 필요하다.

EU는 2023년 '디지털서비스법DSA'을 제정하며 대형 플랫폼에 대해 콘텐츠 확산 구조의 투명한 공개를 의무화했다. 이 법안은 특히 아주 큰 대형 플랫폼에 더 엄격한 의무를 부과하고 있다. 또 플랫폼들은 알고리즘 추천 시스템이 위험 콘텐츠를 증폭시키는지 정기적으로 평가하고 그 결과를 공개해야 한다.

독일은 특정 허위정보 채널에 대해 삭제 명령 및 벌금을 부과하고 있으며, 플랫폼의 알고리즘 조정도 추진 중이다. 독일의 '네트워크 집행법NetzDG'은 플랫폼이 명백한 불법 콘텐츠를 24시간 내에 삭제하지 않을 경우 최대 5000만 유로의 벌금을 부과할 수 있다.

호주는 '온라인 안전법Online Safety Act'을 통해 디지털 플랫폼이 심각한 사이버 괴롭힘이나 허위정보에 적극 대응하지 않을 경우 책임을 물을 수 있는 법적 프레임 워크를 구축했다.

대만의 '디지털 민주주의 이니셔티브'는 정부 주도가 아닌 시민 사회와 기술 커뮤니티의 협력을 통해 허위정보에 대응하는 모델을 제시한다. 특히 그들의 'Cofacts' 프로젝트는 집단지성을 활용한 실시간 팩트체킹 시스템으로 주목받고 있다. 대만의 사례는 뒤에서 보다 자세히 살펴볼 것이다.

한국은 아직 강제성이 약한 '가짜 뉴스 자율규제' 수준에 머물고 있어 실효성 있는 법제 정비가 시급하다는 지적이 나온다. 특히 현행 제도는 주로 사후 대응에 초점을 맞추고 있으며 플랫폼의 구조적 책임을 묻는 데 한계가 있기 때문이다.

심리적 개입: 공감과 정체성 접근

음모론이 정체성과 깊이 연결돼 있다면 대응 역시 정체성 차원에서 이뤄져야 마땅하다. 이는 '반박'이 아닌 '공감'에서 시작된다. 심리학자 캐런 더글러스의 연구에 따르면 음모론에 빠진 사람들의 기본 심리적 욕구는 세 가지다. 통제감, 확실성, 긍정적 자기 이미지다. 효과적인 개입은 이러한 심리적 욕구를 인정하고 다른 방식으로 충족시키는 접근법을 취한다.

또한 음모론 신봉자를 '미친 사람' 또는 '바보'로 낙인찍는 접근은 그들의 고립과 극단화만 심화한다. 따라서 그들의 불안과 두려움을 인정하고 공감하는 것이 첫번째 단계다.

이 지점에서 주목되는 것은 '공통의 정체성' 접근법이다. 질리언 C. 밴필드Jillian C. Banfield와 존 도비디오John F. Dovidio의 실험은 서로 다른 그룹이 "우리는 모두 같은 공동체에 속한다"라는 상위 정체성을 공유한다고 느낄 때 소수자 차별이나 음모론적 의심에 대한 공감과 정보 수용성이 높아진다고 보고했다. 이는 음모론 신봉자에게 대화를 시도할 때 "너는 틀렸어"가 아니라 "우리 모두 진실을 알고 싶어 한다"라는 메시지를 먼저 건네는 이유를 설명해준다. 최근 연구들은 이를 더욱 확장해 존중 기반 대화, 자기설명 유도, 대안 이야기 제공이 결합될 때 정보 수용성이 높아진다고 밝히고 있다. 단순한 반박이 아니라 신뢰와 소속감을 바탕으로 한 장기적 접근이 효과적이라는 것이다.

거듭 얘기하지만 음모론은 정보의 문제라기보단 믿음의 구조에 대한 문제다. 따라서 정보 교정만으로는 충분하지 않다. '누구의 말이 맞는가'를 따지기 전에 '어떻게 믿음이 형성되고 유통되는가'를 먼저 질문해야 한다. 따라서 무엇보다 중요한 것은 음모론을 신념으로 받아들이게 만드는 불안, 상실감, 소외감, 정체성의 위기 그 자체에 개입하는 것이다. 물론 정보 차원의 대응도 필요하다. 하지만 그보다 먼저 신뢰와 공동체 회복이라는 근본적 문제에 답해야 하는 것이다. 그것이 음모론 시대의 진짜 해독제다.

사회학자 로버트 퍼트넘은 현대 사회에서 사회적 자본이 감소하고 서로에 대한 신뢰가 약화되었다그 분석했다. 음모론은 종종 공동체의 붕괴와 사회적 고립의 결과물일 수 있다. 이런 맥락에서 효과적인 대응은 개인의 신념 체계뿐만 아니라 사회적 연결망 복원에도 초점을 맞춰야 한다.

음모론이 제공하는 단순하고 이분법적인 세계관 대신 복잡성과 불확실성을 받아들이는 문화를 육성하는 것도 중요하다. 철학자 마사 누스바움은 불확실성에 대한 두려움이 타자를 배제하고 민주주의를 파괴한다고 이야기한다.

아울러 공적 제도에 대한 신뢰 회복이 필수적이다. 투명한 의사 결정 과정, 책임성 있는 리더십, 시민 참여의 확대는 음모론이 번성하는 토양을 제거할 수 있는 특효약이다. 신뢰와 연대가 살아 있는 건강한 사회에서는 음모론이 발붙이지 못할 것이다.

음모론에 저항하는 두 축
'책임 있는 리더'와 '깨어 있는 시민'

"이 시대에 진실은 어떻게 지켜질 수 있을까?"

음모론이 정치의 언어가 되고 지도자들조차 그것을 퍼뜨리는 상황이라면 우리는 무엇을 해야 하고 현실적으로 무엇을 할 수 있을까. 민주주의는 법률과 제도만으로는 지켜지지 않는다. 그 중심에는 '책임 있는 리더'와 '깨어 있는 시민'이라는 두 축이 있어야 한다.

먼저, 정치적 책임감을 갖춘 리더십이 절실하다. 거짓 정보, 선동, 혐오 표현에 기대지 않고 사실에 기반해 말하고 행동하는 지도자들이다. 이런 리더는 상대 정파를 파괴할 대상이 아닌 '토론의 상대'로 존중하고 국민을 편 가르기보다는 공동체로 묶는다.

그런 리더에는 어떤 특성이 있을까.

첫째는 진실성이다. 자신의 말과 행동이 일관되고, 실제 사실에 근거했는지를 점검한다.

둘째는 투명성이다. 정책을 결정한 이유와 배경을 국민과 공유하며, 불확실성을 감추지 않는다.

셋째는 실수 인정이다. 잘못된 판단이 있었을 때는 감추지 않고 사과하며 수정한다. 신뢰는 그 솔직함에서 나온다.

마지막은 제도 존중이다. 입법·사법·언론 등 민주주의의 틀을 공격하지 않고, 본인도 그 안에 머무른다.

이런 원칙을 지킨 사례로 독일의 앙겔라 메르켈 전 총리가 자주 거론된다. 메르켈은 유럽이 난민 문제로 극단적으로 나뉘었을 때 난민을 수용하는 결정을 내리면서 "우리는 할 수 있다Wir schaffen das"라고 말했다. 쉽지 않은 결정이었지만 그녀는 사실과 정책의 근거를 국민에게 솔직히 설명했다.

뉴질랜드의 저신다 아던 전 총리도 비슷한 유형이다. 코로나19 위기 속에서도 과학적 데이터에 근거한 정책을 펼치고 국민과의 소통을 게을리하지 않았다. "친절의 정치"라는 말은 단지 구호가 아닌 실제 신뢰를 쌓는 방식이었다.

하지만 리더만으로는 부족하다. 리더를 선택하고, 감시하고, 때론 격려할 시민이 있어야 민주주의가 제대로 작동한다. 바로 적극적 시민이 필요하다.

적극적인 시민은 어떻게 행동할까. 몇 가지 실천 지침이 있다.

첫째, 팩트체크에 직접 참여한다. SNS에서 떠도는 정보가 거짓일 수 있음을 알고, 직접 확인한다.

둘째, 독립 언론을 후원한다. 진실 보도를 이어가려는 언론에 힘을 보탠다.

셋째, 미디어 리터러시 교육을 받거나, 주변에 알린다. 특히 디지털 환경에 익숙하지 않은 세대에게 꼭 필요한 노력이다.

넷째, 정보를 공유할 때 책임을 생각한다. 극단적인 표현이나 자극적인 주장을 무비판적으로 퍼뜨리지 않는다.

다섯째, 정치에 참여한다. 선거에 참여하는 것만이 아니다. 지역 의제에 관심을 갖고, 토론회에 참여하거나 의견을 낸다. 더 중요한 것은 이 실천이 혼자가 아닌 '함께'일 때 더 강해진다는 점이다.

정치적 생각은 서로 다를 수 있다. 하지만 다음 두 가지에는 함께 할 수 있어야 한다.

"사실은 중요하다." 그리고 "절차는 지켜져야 한다."

이 원칙을 현실에서 지켜낸 시민단체들도 있다. 미국의 '민주주의 수호자들Protect Democracy'이나 '워싱턴 윤리책임 시민동맹Citizens for Responsibility and Ethics in Washington' 같은 단체는 정치 성향을 초월해서 어느 정권이든 제도를 무시하거나 거짓을 퍼뜨릴 경우 법적으로든 사회적으로든 문제를 제기한다.

무책임한 리더와 무관심한 시민이 결합할 때 음모론은 더욱 빠르게 퍼진다. 반대로 진실을 지키려는 리더와 깨어 있는 시민이 손을 맞잡는다면 민주주의는 다시 설 수 있다. 우리가 선택해야 할 것은 편이 아니라 기준이다. 감정이 아니라 사실, 방관이 아니라 참여다.

음모론에 저항하는 길은 단순히 거짓에 맞서는 것을 넘어 민주주의를 다시 쓰는 길이다. 우리 모두가 지금 그 여정에 있음을 인식해야 한다. 음모론을 물리치기 위해 우리 각자가 할 수 있는 일들을 해나가야 한다.

음모론을 믿는 친구와
다정하게 이야기하는 법

"이 친구, 또 보냈네…"

여러분도 이런 경험 있을 것이다. 평소엔 잘 지내던 친구가 어느 날부턴가 이상한 글을 보내기 시작한다. 부정선거, 간첩, 중국인 범죄, 비밀 조직, 언론 조작, 백신 음모론까지.

처음엔 그냥 웃고 넘겼다. 그런데 시간이 갈수록 점점 피곤해진다. 링크는 계속 오고, 어떨 땐 5분 넘는 음성 메시지까지 날아온다. 그래서 정중히 말했다.

"그런 이야긴 잘 안 믿어."

"난 좀 불편해."

하지만 효과는 없었다. 오히려 더 많은 정보가 날아온다. 이럴 땐 어떻게 해야 할까?

철학자이자 칼럼니스트인 엘리너 고든-스미스Eleanor Gordon-Smith 는 이렇게 조언한다.

"상대의 생각을 바꾸려 하지 마세요. 대신 관계의 방식을 바꾸세요."

음모론을 믿는 사람은 단지 잘못된 정보를 가지고 있는 게 아니다. 그건 그들의 '세계관'이고, '정체성'의 일부다. 이런 사람에게 "그건 틀렸어"라고 말하는 건 단순한 정보 교정이 아니다. 그 사람의 자아를 부정하는 공격처럼 느껴질 수 있다. 실제로 많은 연구에 따르면 음모론을 믿는 사람은 반박에 더 민감하게 반응한다. 오히려 그 믿음을 더 강화하는 경우도 많다.

"봐, 너도 부정하잖아. 이게 다 시스템의 일부야."

그래서 먼저 필요한 건 반박이 아니라 자신의 감정을 말하는 대화다.

"그런 내용은 나한테 너무 과격하게 느껴져."

"그 이야기를 들을 때마다 불편해."

"우린 다른 주제로 이야기하면 좋겠어."

이 말들은 공격이 아니다. '당신이 틀렸어'가 아니라 '나는 이렇게 느껴'라는 표현이다. 누구도 내 감정은 반박할 수 없다. 이런 말은 부드럽지만, 분명한 메시지를 전한다.

농담도 훌륭한 방패가 된다. 가끔은 가볍게 웃으며 말하는 게 더 효과적일 수 있다.

"하하, 외계인은 이제 그만~"

"오늘은 지구 얘기하자!"

"UFO보다 네 강아지 사진이 더 궁금한데?"

이런 반응은 상대를 웃게 하면서도 더 이상 그 얘길 듣고 싶지 않다는 뜻을 전달한다.

유머는 감정의 완충재다. 관계를 해치지 않으면서도 나의 선을 지킬 수 있다. 우리가 먼저 이해해야 할 건 음모론은 단지 '황당한 이야기'가 아니라는 점이다. 혼란한 세상에서 명확한 설명을 찾고 싶어 하는 마음. 자신만은 진실을 꿰뚫어 본다는 자존감. 그런 감정이 음모론을 매력적으로 만든다. 그 이야기들은 자극적이고, 쉽고, 때론 재미있다. 그래서 빠지기 쉽고, 빠지면 빠질수록 빠져나오기 어렵다.

하지만 그 얘기를 듣는 사람은 지쳐간다. 계속 듣다 보면 분노, 무력감, 피로가 쌓인다. 결국 더 이상 말하지 않게 되고, 관계가 멀어진다.

이럴 땐 스스로에게 물어봐야 한다. '나는 이 관계에서 감정적으로 얼마나 감당할 수 있는가.'

모든 걸 받아주는 게 좋은 친구는 아니다. 때론 거절하는 것도 관계를 지키는 방법이다. 그렇다고 관계를 끝내야 할 필요는 없다. 대신 대화의 규칙을 다시 정해야 한다.

"그 이야기 말고, 네 요즘 일상은 어때?"

"정치 얘기보다 같이 본 영화 이야기하자."

"그 얘긴 오늘은 안 했으면 좋겠어."

이런 말이 쌓이면 점차 '이야기할 수 있는 범위'를 알게 된다.

이것만은 꼭 기억하자.

감정 표현은 반박보다 강력하다.

유머는 관계를 지키는 방패가 된다.

경계는 싸움이 아니라 나를 보호하는 도구다.

음모론을 믿는 사람은 논리로 설득하기 어렵다.

하지만 그 관계를 지킬 방법은 있다.

진실을 말하고 싶을수록 나 자신부터 먼저 지켜야 한다.

이것이 지금 우리가 기억해야 할 가장 중요한 사실이다.

AI 챗봇,
음모론자를 설득하다

물론 음모론을 굳게 믿는 사람들과 대화하는 것은 매우 어려운 일이다.

"9·11 테러는 조작이다", "대규모 부정선거가 있었다", "백신 접종은 제약회사의 음모다"와 같은 주장을 하는 이들에게 논리적으로 설명하고 그들의 마음을 바꾸는 건 쉽지 않다.

그런데 인공지능AI 챗봇이 이런 대화를 잘할 수 있다면 어떨까.

2024년 9월 세계적인 과학저널 《사이언스》에 흥미로운 연구 결과가 발표됐다. 아메리칸 대학교의 토머스 코스텔로Thomas Costello, 코넬 대학교의 고든 페니쿡Gordon Pennycook, MIT의 데이비드 랜드David G. Rand 교수는 AI 챗봇 GPT-4 터보를 활용해 음모론을 믿는 미국인 2190명과 대화를 진행했다. 그 결과 놀라운 효과를 확인했다. 연구진은 참가자들에게 자신이 믿는 음모론(예: JFK 암살, 외계인, 일루미나티, 코로나19 기원, 2020년 대선 부정 등)을 설명하게 한 후 AI가 이를 요약하고 반박하는 방식으로 총 세 차례의 대화를 진행했다. 그 결과 참가자들이 해당 음모론에 대해 느끼는 믿음이 평균 20% 감소했다.

게다가 이 효과는 실험 후 2개월이 지나서도 유지됐다.

AI의 반박 방식은 단순히 '틀렸다'고 지적하는 게 아니었다. 공손하고 정중한 어조로 다양한 가능성을 설명하고, 비판적 사고를 유도했다.

예를 들어 "쇼핑몰에 외계인이 나타나서 경찰이 출동했다"는 주장을 한 참가자에게 AI는 "경찰의 대응은 공공 안전을 위한 조치일 수 있고, 영상은 착각이거나 조작 가능성이 있다"라는 식으로 설명했다. 결국 이 참가자는 "어쩌면 과장된 소동일 수도 있다"라고 입장을 바꿨다.

이 실험이 특별한 이유는 음모론을 믿는 사람들과 직접 대화하려는 시도가 현실에서 드물다는 점 때문이다. 전문가를 붙이기에는 비용이 많이 들고, 인간끼리는 감정적 충돌로 인해 오히려 반발이 생기기 쉽다. 그러나 AI는 감정을 배제하고 친절하고 일관된 어조로 설명할 수 있다는 점에서 장점이 있다. 연구진은 "AI를 신뢰하지 않는 사람들에게도 효과가 있었다"라고 밝히며 이 방식이 음모론 확산을 막는 데 큰 역할을 할 수 있다고 평가했다.

MIT 교수 데이비드 랜드는 "실제로 다양한 음모론에 대해 즉각 대응할 수 있는 인간 전문가는 거의 없다"라며 "AI가 그 공백을 채울 수 있는 가능성을 보여줬다"라고 말했다.

이 연구는 AI의 공손한 태도가 효과에 영향을 미쳤는지도 분석했다. 그 결과 공손한 어조가 도움이 되긴 하지만 가장 중요한 것은 여전히 '사실 기반의 명확한 정보'라는 결론이 나왔다. 실제로 무례하지만 않다면 단순히 사실과 논리를 중심으로 설명해도 음모론에 대한 믿음은 줄어들었다. 또한 AI 챗봇이 사람들과 논쟁을 벌이는 것이 아니라 질문을 던지고 상호작용을 유도하며 참여자가 스스로 판단하게 만든 것이 핵심이었다. 즉 설득이 아니라 '스스로 납득하게 만들기'에 가까운 방식이었다.

많은 사람들은 음모론에 한 번 빠지면 다시는 빠져나오기 어렵다고 생각한다. 하지만 이 연구는 그것이 사실이 아님을 보여준다. 특히 AI를 활용한 반복적이고 정중한 정보 제공은 실제로 효과가 있으며 온라인상에서 음모론이 확산되는 구조에 대응할 수 있는 하나의 방법론이 될 수 있다. 연구진은 후속 연구를 통해 '구조적 인종차별' 같은 논쟁적인 주제에서도 비슷한 효과가 있었다는 결과를 확인하고 있다. 이는 AI가 단지 '정보 전달자' 그 이상으로 작동할 수 있다는 가능성을 시사한다. AI 챗봇이 단순한 정보 검색을 넘어 사람들의 잘못된 믿음을 정중히 반박하고 스스로 성찰하도록 도울 수 있다면 이는 음모론뿐 아니라 증오, 혐오, 잘못된 과학 정보 등 다양한 사회적 이슈에 응용될 수 있다. 물론 AI 기술이 악용될 가능성도 분명히 존재한다. 따라서 이 기술이 '책임감 있게 설계되고 운영될 때'라는 조건이 매우 중요하다.

AI 챗봇을 활용한 또 다른 연구도 있다. 2024년 마르코 마이어 Marco Meier와 동료 학자들은 음모론 신념을 완화하기 위해 새로운 방식의 실험을 제안했다. 이들은 '스트리트 에피스테몰로지' 방식을 모방한 AI 챗봇과 자기성찰 과제를 통해 개인의 음모론적 신념을 약화할 수 있는지를 실험했다. 연구팀은 세 가지 개입 방식을 비교했다. 첫째, 피험자에게 자신이 음모론을 믿는 이유를 성찰하도록 했다. 둘째, 자신이 지닌 믿음의 불확실성을 성찰하도록 유도했다. 셋째, AI 챗봇을 통해 두 가지 과정을 모두 대화 형식으로 경험하게 했다.

AI 챗봇은 피험자에게 질문을 던지며 사용자의 사고 과정을 탐색하고, 신념이 얼마나 근거 있는지 재고하게 만들었다. 중요한 점은 정보를 주입하거나 설득하는 방식이 아니라, 사용자가 스스로 자신의 신념을 검토하도록 유도했다는 것이다.

실험 결과는 주목할 만하다. 세 개입 모두에서 음모론적 신념이 통계적으로 유의미하게 약화되었다. 특히 '믿음의 이유'에 대한 성찰보다는 '불확실성'에 대한 성찰이 더 큰 효과를 보였다. AI 챗봇 개입은 이 두 가지 방식을 결합한 형태였으며, 신념 감소 효과가 가장 강하지는 않았지만 의미 있는 변화를 유도했다.

그렇다고 연구는 단순한 낙관론에 머무르지 않았다. 가장 강한 음모론적 성향을 가진 사람들, 즉 '세상은 엘리트의 음모에 의해 조종된다'는 인식이 깊게 자리 잡은 사람들은 이러한 개입을 해도 신념 변화가 거의 없었다. 일부는 오히려 성찰 과정에서 기존 신념이 더 강화되는 역효과도 나타났다. 또한 연구는 '믿음의 정확성이 얼마나 중요한가'라는 질문이 중요한 변수임을 밝혀냈다. 믿음의 정확성이 '매우 중요하다'고 여긴 피험자들은 개입의 효과가 가장 낮았다. 반면 믿음의 정확성을 '그다지 중요하지 않다'고 느낀 사람들은 자신의 신념을 더 쉽게 수정했다.

이는 정보의 정확성에 민감할수록 신념이 더욱 고정되며 반성적 사고가 오히려 방어적인 태도로 이어질 수 있다는 점을 시사한다.

이러한 결과는 중요한 정책적 함의를 지닌다. 첫째, AI 챗봇은 음모론 신념이 약하거나 유동적인 사람들을 대상으로 효과적인 개입 수단이 될 수 있다. 둘째, 강한 신념을 가진 사람들에게는 맞춤형이고 점진적인 접근이 필요하다. 셋째, 신념 변화는 설득보다 자기 반성을 통해 더 효과적으로 이뤄질 수 있기에 그에 적합한 대화 전략을 고민해야 한다.

핀란드의
'사이버 시민교육' 모델

지금까지 음모론에 맞서서 개인과 사회가 할 수 있는 일들을 살펴보았다. 또 AI 챗봇을 활용한 연구처럼 학계에서도 다양한 해법을 모색하고 있다. 이를 좀 더 확장하면 국가적 차원의 대응 방안도 마련할 수 있다. 실제로 몇몇 나라에서는 음모론 문제를 정부 차원에서 적극 나서서 고민하고 해법을 모색 중이다. 핀란드는 그 방법을 교육에서 찾고 있다.

2014년 러시아의 크림반도 병합은 핀란드에 충격을 주었다. 총보다 먼저 날아든 것은 조작된 정보였다. 가짜 뉴스와 왜곡된 영상, 조작된 여론이 사람들의 신뢰를 흔들었다. 러시아와 국경을 맞대고 있는 핀란드에도 남의 일이 아니었다. 핀란드는 무기가 아니라 교육으로 대응하기로 했다. 공공의 신뢰가 무너지기 전에 시민의 판단력을 키우는 것이 더 중요하다고 생각한 것이다.

핀란드는 미디어 리터러시를 모든 수업에 포함시켰다. 가령 역사 시간에는 선전물과 조작된 기록을 분석한다. 수학 시간에는 통계가 어떻게 왜곡되는지를 배운다. 문학 수업 시간에는 설득의 언어 구조를 해석하고, 과학 수업에서는 가짜 과학과 진짜 과학을 구별한다. 학생들은 단지 정보를 배우는 것이 아니라 의심하고, 멈추고, 질문하는 태도를 훈련한다. 정보는 받아들이는 것이 아니라 검토하고 판단해야 할 대상으로 인식된다.

이 교육은 교실을 넘어 사회 전반에서도 이루어진다. 공공도서관은 디지털 정보 교육을 제공하고, 어른들을 위한 시민 강좌도 운영한다. 공영방송은 누구나 볼 수 있는 콘텐츠를 만들고, 군대에서도 정보 리터러시를 가르친다. 이처럼 핀란드는 비판적 사고를 국가 안보의 일환으로 보고 있다.

그렇다고 핀란드 정부가 무엇이 진실인지 정하는 것이 아니다. 시민을 통제하지 않고, 스스로 판단하도록 유도한다. 핀란드 국가비상공급국NESA 마르쿠 만틸라 국장은 언른 인터뷰에서 "정부가 믿을 것을 정하는 것이 아니라, 시민이 진실을 믿을 수 있도록 돕는 것이 목적"이라고 말했다. 진실을 강요하는 순간, 사람들은 오히려 다른 진실을 찾기 마련이다.

필요한 것은 정답을 제시하는 권위가 아니라 판단 기준을 갖춘 시민이다. 핀란드는 교실에서 시작해 그런 시민을 길러내기 위해 노력하고 있다. 정보 전쟁의 무기는 검열이 아니라 교육이라는 의미다.

핀란드 모델은 다른 나라에도 중요한 시사점을 제공한다. 단기적 대응이나 허위 콘텐츠 삭제 등으로는 부족하다. 필요한 것은 시민이 함께 사실을 구성하는 능력이다. 누가 무슨 말을 하든 '그 말이 정말 맞는가'를 묻는 힘이 민주주의의 마지막 방어선이다.

대만의
디지털 민주주의 모델

핀란드 못지않게 대만 사례도 중요한 참고가 될 수 있다. 디지털 시대에 '민주주의를 지킬 수 있는가'라는 질문에 가장 빠르고 독특하게 대응한 국가로 대만이 꼽힌다. 그 방식은 검열이 아니라 시민 참여와 기술 협력이다.

대만은 시민과 함께 문제를 해결하는 시스템을 운영한다. 대표 사례가 '브이타이완vTaiwan'이다. 이 플랫폼에서는 사회 갈등이나 정책에 대해 시민들이 자유롭게 의견을 낸다. 단순한 찬반 투표가 아니다. 참여자의 의견은 인공지능 시스템이 분석한다. 'Pol.is'라는 소프트웨어가 비슷한 의견을 시각적으로 묶어 보여준다. 공감대가 형성된 의견이 중심에 떠오르고, 극단적 주장은 가장자리에 머문다. 시민은 경쟁보다 공통의 해답을 만드는 과정에 주목하게 된다.

시민이 직접 팩트체크에 참여하는 코팩트Cofacts 시스템도 있다. 메신저로 의심스러운 정보를 받으면 코팩트에 전달한다. AI와 자원봉사자가 그 정보를 함께 검증한다. 검증 결과는 누구나 열람할 수 있

브이타이완 플랫폼	코팩트 팩트체크 시스템	신속한 정부 대응
-시민들의 직접 참여와 토론 -Pol.is 알고리즘으로 의견 분석 -공통점을 시각화하여 표현 -합의 중심 의사결정	-의심스러운 정보 제보 -AI와 자원봉사자의 검증 -검증 결과 공개 및 투명성 -시민 주도형 정보 생태계	-2시간 이내 대응 원칙 -출처와 근거 제공 -밈과 유머로 소통 -시민의 자율적 판단 존중

으며, 출처와 과정도 모두 공개된다. 이 시스템은 위에서 명령하는 구조가 아니다. 모두가 참여할 수 있고, 절차는 투명하다.

대만 정부는 허위정보에 2시간 이내 대응한다는 원칙을 가지고 있다. 이 대응은 단순한 반박이 아니다. 출처, 맥락, 근거를 제공해 시민 스스로 판단하게 돕는다. 유머와 밈, 풍자 영상도 적극 활용한다. 강요보다 설득이 효과적이라는 사실을 잘 알고 있기 때문이다. 시민은 단어보다 태도에서 진심을 느낀다.

대만은 그래서 유쾌한 대화를 전략으로 삼는다. 이런 시스템은 코로나19 팬데믹에서 빛을 발했다. 대다수 국가는 혼란에 빠졌고, 신뢰 부족이 혼선을 키웠다. 반면 대만은 최소한의 봉쇄로 방역에 성공했고, 시민은 자발적으로 협조했다. 정책이 아니라 전달 방식과 신뢰 구조의 차이였다. 시민은 결과만이 아니라 과정에도 함께 참여했다.

대만 디지털 장관 오드리 탕은 이를 '유리벽'에 비유했다. 벽은 불통의 상징이지만 안이 보이면 불신이 줄어든다. 유리벽 안에는 누구나 들어갈 수 있다. 이는 대만이 택한 민주주의 방식이다. 명령이 아닌 초대, 감시가 아닌 투명성, 시민은 통제의 대상이 아니라 협력자다.

오늘날 거짓 정보에 대응하는 방법은 단순하지 않다. 핵심은 무엇을 없애는 것이 아니라, 믿을 수 있는 사실을 함께 만드는 과정이다.

대만의 모델은 진실을 정답이 아닌 과정으로 본다. 그리고 그 과정은 시민의 참여에서 시작된다.

글로벌 음모론 시대,
연대의 길을 찾아서

대만과 핀란드 사례는 거짓 정보와 음모론에 시달리는 현대 사회에 교훈과 시사점을 안겨준다. 디지털 시대에서 거짓 정보는 그야말로 빛의 속도로 퍼진다. 국경과 언어, 문화를 가리지 않는다. 코로나19 팬데믹 이후 많은 사람들이 체감했을 것이다. "백신에 DNA를 바꾸는 성분이 있다", "정부가 추적용 칩을 삽입했다" 같은 주장은 허무맹랑했지만 전 세계에서 반복되면서 믿는 사람이 늘어났다. 이제 음모론은 개별 국가의 대응만으로는 부족하다. 협력하지 않으면 거짓은 더 오래 남고, 더 넓게 퍼진다. 이에 전 세계가 공동 대응 실험에 나섰다.

팩트체커 얼라이언스는 대표 사례다. 이 네트워크는 70개국, 200개 이상 기관이 참여해 음모론이 국가 간에 확산되기 전에 신속히 대응한다. 2023년 백신 관련 허위정보가 급증했을 때 팩트체커 얼라이언스는 각국 언어로 검증 결과를 공유했다. '불임 유발', 'DNA 조작', '칩 삽입' 같은 주장을 빠르게 반박했다. 그 결과 불안은 줄고, 접종률은 유지됐다. 중요한 점은 이 대응이 상명하달식이 아니라 자발적으로 이뤄진 협력이라는 것이다.

음모론은 지식 부족만으로 발생하지 않는다. 정보 판단 능력의 부재가 주요 원인이다. 유네스코는 글로벌 미디어·정보 리터러시 이니셔티브Global Media and Information Literacy Initiative를 통해 청소년 교육을 지원하고 있다. 이 교육은 일방적인 강의가 아니다. 학생들은 스스로 생각하고, 의견을 나누며, 판단 기준을 세운다. 이를 기초로 필리핀, 나이지리아, 콜롬비아, 헝가리 등에서 시범 운영한 결과 학생들의 비판적 사고력과 정보 대응력이 향상됐다.

기술 기업과 시민사회도 손을 잡았다. 디지털 공론장 연합Digital Public Sphere Alliance은 소셜미디어 기업, 시민단체, 국제 연구기관이 함께 만든 협의체다. 이들은 2024년 유럽의회 선거를 앞두고 AI를 활용해 허위정보와 여론 조작 시도를 조기에 탐지했다. 문제 계정을 신속히 차단하고, 신뢰 정보를 카드뉴스, 영상, Q&A 형식으로 제공했다. 기술적인 대응뿐 아니라 시민과의 소통이 함께 이뤄졌기에 효과가 있었다.

이런 사례들은 각기 분야는 다르지만 핵심을 관통하는 공통점이 있다. 바로 정부, 교육, 언론, 기술, 시민, 국제기구가 각자의 역할을 인식하고 협력했다는 점이다. 어느 국가든 단독으로는 거짓에 맞설 수 없다. 개인이나 시민사회단체도 마찬가지다. 거짓과 음모론이 세계화됐듯이 진실도 공동의 노력으로 확산해야 한다.

음모론은 정보, 신뢰, 참여의 공백에서 비롯된다. 단순히 정보량을 늘리는 것으로는 대응이 어렵다는 의미다. 핵심은 다시 신뢰를 회복하고, 끊어진 관계를 연결하는 일이다. 음모론의 유포를 막는 것에서 멈

취서는 안 된다. 시민이 다시 참여하고, 믿을 수 있는 사실을 함께 구성하는 구조를 마련해야 한다. 그래야 민주주의가 다시 호흡할 수 있다.

거짓은 고립에서 탄생하고 진실은 협력에서 만들어진다. 연대와 협력은 민주주의의 숨구멍이자 가장 강력한 방역이다.

같은 현실에서 살기 위하여

필자의 주변에도 음모론에 깊이 빠져 있는 사람이 있다. 출입 기자와 취재원 관계로 만났던 모 인사는 현재 대한민국의 대표적인 음모론자 가운데 한 명이다. 사회적 명망이 높았고, 최고위층까지 올랐던 분이다. 그런 그가 "음모론의 증거"라면서 매일같이 소셜미디어에 쏟아내는 각종 발언과 글들을 보고 있노라면 마음이 무척 무겁다. 왜 저렇게까지 무너지는 것일까 답답한 생각도 든다. 그러면서 가까이 있던 주변 사람들도 점점 등을 돌리는 모습이 보인다. 그럴수록 그는 자신을 인정해주고 공감해주는 극소수의 사람들만 있는 '토끼굴' 속으로 더 깊이 빠져든다.

12·3 비상계엄과 탄핵, 조기 대선을 거치면서 대한민국 사회는 그야말로 요동쳤다. 후유증은 아직도 상당하다. 서로를 향한 감정의 골이 깊고, 신뢰는 바닥까지 무너졌다. 작은 불씨만 있어도 금방 대폭발이 일어날 듯한 아슬아슬한 순간들도 지나왔다. 이 모든 바탕에 음모론의 흔적과 그림자가 있다.

이 책에서 계속 강조했듯이 오늘날 음모론은 단순한 정보 오류를 훌쩍 뛰어넘는다. 사회적 불안, 제도 불신, 정체성 위기까지 복합적으로 얽혀 있는 문제다. 따라서 단기 대응이 아니라 구조적인 전략이 필요하다. 단지 거짓을 반박하는 데 그치지 않고, 왜 그것이 설득력 있게 들리는지를 살펴야 한다.

신뢰 회복은 가장 먼저 해결해야 할 과제다. 정부, 정당, 언론, 학계 모두 그 책임에서 자유로울 수 없다. 불투명한 결정과 소통 부족은 대중의 신뢰를 잃게 만든다. 이제는 정책 배경을 투명하게 공개하고 시민이 참여하는 구조를 갖춰야 한다. 실수는 숨기지 않고 바로잡아야 한다. 신뢰는 완벽이 아니라 정직한 태도에서 생긴다.

디지털 플랫폼도 책임이 크다. 감정을 자극하는 콘텐츠만 퍼지게 하는 구조는 지극히 위험하다. 자극은 클릭을 유도하지만, 사회는 분열된다. 알고리즘의 작동 원리를 공개하고 균형 있는 정보가 보이도록 구조를 바꿔야 한다.

음모론에 빠진 사람을 무작정 배제하는 풍토 역시 바꿔야 한다. 그들은 비합리적이라기보다, 불안을 설명해줄 이야기를 찾는 사람이다. 노르웨이에서 실시한 한 연구 결과에 따르면, 청소년기에 높은 수준의 외로움을 느낀 사람들이 중년기에 음모론을 믿을 확률이 유의미하게 높았다. 소외와 고립은 사람을 쉽게 음모론으로 이끈다. 그렇기에 논쟁보다 공감, 지적보다 경청이 필요하다. 대화를 통해 고립을 줄이고 연결의 가능성을 키워야 한다.

국제적 연대와 협력도 중요하다. 음모론은 국경을 넘어 전 세계로 퍼진다. 유네스코와 WHO처럼 세계적으로 영향력이 큰 국제기관은 공동 지침을 마련해야 한다. 동시에 각 지역의 역사적 맥락에 따라 다른 접근을 병행해야 한다. 예컨대 아프리카의 백신 불신은 과거 의료 제도에 대한 불신에서 비롯되었기에, 보편적이고 평등한 의료 서비스 보급이 해결책이 될 수 있다.

교육은 장기적 해결책이다. 정보 출처를 따지는 기술을 넘어 감정 조작을 이겨낼 힘이 필요하다. 다양한 시각을 비교하고 맥락을 이해하는 연습이 중요하다. 핀란드의 사례처럼 청소년부터 성인에 이르기까지 이런 교육이 전면적으로 시행되어야 한다.

불평등 해소도 음모론 확산을 막는 열쇠다. 불신은 단지 심리의 문제가 아니라, 삶의 조건에서 생긴다. 격차와 소외가 음모론이 자라는 환경이다. 삶의 조건을 바꾸는 것이 진짜 해결책이다. 오늘날 정보는 넘치지만, 진실은 되레 흐릿하다. 디지털 기술은 세상을 연결했지만, 불신도 함께 퍼졌다. 우리에게 필요한 것은 더 많은 정보가 아니라 더 강한 신뢰다.

신뢰는 말이 아니라 실천으로 쌓인다. 민주주의는 '의견이 달라도 현실은 같다'는 믿음에서 시작된다.

우리 스스로에게 다시 물어보자. 무엇을 믿을 것이냐가 아니라, 어떻게 함께 믿을 수 있을까. 그 질문에 답할 때 우리는 다시 민주주의를 시작할 수 있다.

들어가며
왜 지금 음모론을 말해야 하는가

『감시 자본주의 시대』, 소샤나 주보프, 김보영 옮김, 문학사상, 2021.[Zuboff, S. (2019). *The age of surveillance capitalism*. PublicAffairs.]

『개소리는 어떻게 세상을 정복했는가』, 제임스 볼, 김선영 옮김, 다산초당, 2020.[Ball, J. (2017). *Post-truth: How bullshit conquered the world*. Biteback.]

단비뉴스. (n.d.). "진실이 우리를 자유롭게 할 것이다."

『생각 조정자들』, 엘리 프레이저, 이현숙·이정태 옮김, 알키, 2011.[Pariser, E. (2011). *The filter bubble*. Penguin.]

『포스트 트루스』, 리 매킨타이어, 김재경 옮김, 두리반, 2024.[McIntyre, L. (2018). *Post-truth*. MIT Press.]

Ball, P. (2020). "How can researchers build trust in science?" *Nature*, 586, 151~153. https://doi.org/10.1038/d41586-020-02760-6

Benkler, Y., Faris, R., & Roberts, H. (2018). *Network propaganda*. Oxford University Press.

Bennett, W. L., & Livingston, S. (2018). "The disinformation order: Disruptive communication and the decline of democratic institutions." *European Journal of Communication*, 33(2), 122~139. https://doi.org/10.1177/0267323118760317

Bruns, A., & Moon, B. (2018). *Media and democracy in crisis*. Routledge.

Castells, M. (2009). *Communication power.* Oxford University Press.

Habermas, J. (1989). *The structural transformation of the public sphere.* MIT Press.

Hamilton, J. T. (2004). *All the news that's fit to sell.* Princeton University Press.

Keyes, R. (2004). *The post-truth era.* St. Martin's.

Lazer, D. M. J., et al. (2018). "The science of fake news." *Science*, 359(6380), 1094~1096. https://doi.org/10.1126/science.aao2998

O'Connor, C., & Weatherall, J. O. (2019). *The misinformation age.* Yale University Press.

Vaidhyanathan, S. (2018). *Anti-social media.* Oxford University Press.

Vosoughi, S., Roy, D., & Aral, S. (2018). "The spread of true and false news online." *Science*, 359(6380), 1146~1151. https://doi.org/10.1126/science.aap9559

Waisbord, S. (2018; 2020). "Truth is what happens to news: On journalism, fake news, and post-truth. *Journalism study*, 19, 1866~1878.

World Health Organization. (2020). Managing the COVID-19 infodemic.

1장

음모론이란 무엇인가

『여론』, 월터 리프먼, 이충호 옮김, 까치, 2012.[Lippmann, W. (1922). *Public opinion.* Harcourt.]

Barkun, M. (2003; 2013). *A culture of conspiracy.* UC Press.

Cambridge Dictionary. (n.d.). "Conspiracy theory."

Coady, D. (2007). *Conspiracy theories: The philosophical debate.* Ashgate/Routledge.

Dentith, M. R. X. (2014). *The philosophy of conspiracy theories.* Palgrave.

Douglas, K. M., et al. (2019). "Understanding conspiracy theories." *Political Psychology*, 40(S1), 3~35. https://doi.org/10.1111/pops.12568

Keeley, B. L. (1999). "Of conspiracy theories." The Journal of Philosophy, 96(3), 109~126.

Knight, P. (2000). *Conspiracy culture.* Routledge.

Merriam-Webster. (n.d.). "Conspiracy theory."

Sunstein, C. R., & Vermeule, A. (2009). "Conspiracy theories: Causes and cures."

Journal of Political Philosophy, 17(2), 202~227.

Uscinski, J. E. (2020). *Conspiracy theories: A primer.* Rowman & Littlefield.

Uscinski, J. E., & Olivella, S. (2019). *The politics of conspiracy.* University of Minnesota Press.

Uscinski, J. E., & Parent, J. M. (2014). *American conspiracy theories.* Oxford University Press.

2장
사람들은 왜 음모론을 믿는가

『바른 마음』, 조너선 하이트, 왕수민 옮김, 웅진지식하우스, 2014.[Haidt, J. (2012). *The righteous mind.* Pantheon.]

『자기 땅의 이방인들』, 앨런 러셀 혹실드, 유강은 옮김, 이매진, 2017.[Hochschild, A. R. (2016). Strangers in their own land. The New Press.]

Ashton, M. C., & Lee, K. (2009). "The HEXACO–60: A short measure of the major dimensions of personality." *Journal of personality assessment*, 91(4), 340~345.

Dagnall, N., et al. (2025). "Paranormal belief and conspiracy theory endorsement: variations in adaptive function and positive wellbeing." *Frontiers in Psychology*, 16, 1448067.

De Keersmaecker, J., & Roets, A. (2017). "Fake news," incorrect, but hard to correct: The role of cognitive ability on the impact of false information on social impressions. *Political Psychology*, 38(3), 407–422.

Flynn, D. J., Nyhan, B., & Reifler, J. (2017). "The nature and origins of misperceptions: Understanding false and unsupported beliefs about politics." *Political Psychology*, 38(S1), 127–150.

Goertzel, T. (1994). "Belief in conspiracy theories." *Political Psychology*, 15(4), 731-742.

Hogg, M. A. (2007). "Uncertainty-identity theory." *Advances in Experimental Social Psychology*, 39, 69~126.

Hornsey, M. J., et al. (2018). "The psychological roots of anti-vaccination attitudes:

A 24-nation investigation." *Health Psychology*, 37(4), 307~315.

Jolley, D., Douglas, K. M., & Skipper, Y. (2021). "The Adolescent Conspiracy Beliefs Questionnaire (ACBQ): Development and validation." *British Journal of Developmental Psychology*, 39(4), 499~517.

Jost, J. T., et al. (2003). "Political conservatism as motivated social cognition." *Psychological Bulletin*, 129(3), 339~375.

Kahan, D. M., Jenkins-Smith, H., & Braman, D. (2011). "Cultural cognition of scientific consensus." *Journal of Risk Research*, 14(2), 147~174.

Kruglanski, A. W. (2004). *The psychology of closed mindedness.* Psychology Press

Kruglanski, A. W., & Webster, D. M. (1996). "Motivated closing of the mind: "Seizing" and "freezing"." *Psychological Review*, 103(2), 263~283.

Levin, M. (2024). "Conspiracy theories as politics of the unsaid: Arendt, Hofstadter, and the Tea Party." *Political Theory*, 52(3), 435~459.

Pennycook, G., & Rand, D. G. (2018). "Lazy, not biased: Susceptibility to partisan fake news is better explained by lack of reasoning than by motivated reasoning." *Cognition*, 188, 39~50.

Petty, R. E., & Cacioppo, J. T. (1986). "The elaboration likelihood model of persuasion." *Advances in Experimental Social Psychology*, 19, 123~205.

Pratto, F., & Stewart, A. L. (2012). "Group dominance and the political psychology of social hierarchies." *The Oxford Handbook of Political Psychology*(2nd ed.). Oxford University Press.

Steger, M. F., et al. (2006). "The Meaning in Life Questionnaire: Assessing the presence of and search for meaning in life." *Journal of Counseling Psychology*, 53(1), 80~93

Swire, B., et al. (2017). "Processing political misinformation: Comprehending the Trump phenomenon." *Royal Society Open Science*, 4(3), 160802.

van der Linden, S., & Roozenbeek, J. (2019). "The fake news game confers psychological resistance against online misinformation." *Palgrave Communications*, 5(1), 65

van Prooijen, J.-W. (2018). *The psychology of conspiracy theories.* Routledge.

van Prooijen, J.-W., & van Vugt, M. (2018). "Conspiracy theories: Evolved functions and psychological mechanisms." *Perspectives on Psychological Science*, 13(6), 770~788

Weeks, B. E. (2015). "Emotions, partisanship, and misperceptions: How anger and anxiety moderate the effect of partisan bias on susceptibility to political misinformation." *Journal of Communication*, 65(4), 699~719.

Whitson, J. A., & Galinsky, A. D. (2008). "Lacking control increases illusory pattern perception." *Science*, 322(5898), 115~117.

Williams, T., Hofer, A., & Szalkai, I. (2025). Conspiracy theory inertia. (In prep.)

Wood, M. J., & Douglas, K. M. (2013). ""What about Building 7?"A social psychological study of online discussion of 9/11 conspiracy theories." *Frontiers in Psychology*, 4, 409.

Wood, M. J., Douglas, K. M., & Sutton, R. M. (2012). Dead and alive: Beliefs in contradictory conspiracy theories. *Social Psychological and Personality Science*, 3(6), 767–773.

3장
거짓은 진실보다 빠르게 퍼진다

김종우 (2025). 「한국적 극우 포퓰리즘 담론의 구조와 전파 양상」, 『현상과 인식』, 49, 135~162

Allcott, H., & Gentzkow, M. (2017). "Social media & fake news in the 2016 Election." *The Journal of Economic Perspectives*, 31(2), 211~235.

Allcott, H., Gentzkow, M., & Yu, C. (2019). "Trends in the diffusion of misinformation on social media." *Research & Politics*, 6(2).

Andersson, L., & Corbett, B. (2022). "Memetic warfare: The future of war." *Journal of Cyber Policy*, 7(2), 274~278.

Bail, C. A., et al. (2018). "Exposure to opposing views on social media can increase political polarization." *Proceedings of the National Academy of Sciences*(PNAS), 115(37), 9216–9221.

Bessi, A., & Ferrara, E. (2016). "Social bots distort the 2016 U.S. Presidential election online discussion." *First Monday*, 21(11).

Bessi, A., et al. (2015). "Science vs conspiracy: Collective narratives in the age of misinformation." *PLOS ONE*, 10(2).

Bimber, B., Flanagin, A. J., & Stohl, C. (2012). *Collective action in organizations.* CUP.

Brennen, J. S., et al. (2020). "Types, sources, and claims of COVID-19 misinformation." *Reuters Institute for the Study of Journalism.*

Del Vicario, M., et al. (2016). "The spreading of misinformation online." *Proceedings of the National Academy of Sciences*(PNAS), 113(3), 554~559.

Donovan, J., & Boyd, D. (2021). "Stop the presses? Moving from strategic silence to strategic amplification." *Data & Society.*

Easley, D., & Kleinberg, J. (2010). *Networks, crowds, and markets.* CUP.

Grinberg, N., et al. (2019). "Fake news on Twitter during the 2016 U.S. presidential election." *Science,* 363(6425), 374~378.

Jenkins, H. (2006). *Convergence culture.* MIT.

Jenkins, H., et al. (2009). *Confronting the challenges of participatory culture.* MIT.

Korea Press Foundation. (2023). Digital News Report 2023 Korea.

Macenaite, M. (2019). "From universal towards child-specific protection of the right to privacyonline: Dilemmas in the EU General Data Protection Regulation." *New Media & Society,* 19(5), 765~779.

Marwick, A., & Lewis, R. (2017). *Media manipulation & disinformation online.* Data & Society.

Orlowski, J. (Director). (2020). *The Social Dilemma* [Film].(<소셜 딜레마>, 넷플릭스)

Quattrociocchi, W., Scala, A., & Sunstein, C. R. (2016). "Echo chambers on Facebook." *SSRN Electronic Journal.*

Reuters. (2020). "Fact check: Wayfair is not using expensive cabinets to traffic children."

Tandoc Jr, E. C., Lim, Z. W., & Ling, R. (2018). "Defining "fake news": A typology of scholarly definitions." *Digital Journalism,* 6(2), 137~153.

Tufekci, Z. (2017). *Twitter and tear gas.* Yale University Press.

Tufekci, Z. (2018). "YouTube, the great radicalizer." *The New York Times.*

Wardle, C., & Derakhshan, H. (2017). Information disorder. Council of Europe.

Zollo, F., et al. (2015). "Emotional dynamics in the age of misinformation." *PLOS ONE,* 10(9),

Zraick, K., & Gross, J. (2022). "Man is accused of attacking husband of Nancy Pelosi..." *The New York Times.*

Zubiaga, A., et al. (2016). "Analysing how people orient to and spread rumours in social media by looking at conversational threads." *PLOS ONE*, 11(3). ACM CSUR.

Zubiaga, A., et al. (2018). "Detection and resolution of rumours in social media: A survey." *ACM Computing Surveys* (CSUR), 51(2), 1~36.

4장
음모론의 역사: 로마 대화재부터 큐어넌까지

『마녀를 심판하는 망치』, 야콥 슈프랭거·하인리히 크라머, 이재필 번역, 우물이있는집, 2016[Kramer, H., & Sprenger, J. (1487). *Malleus maleficarum.*]

『상상된 공동체』, 베네딕트 앤더슨, 서지원 옮김, 길, 2018.[Anderson, B. (1991). *Imagined communities* (Rev. ed.). Verso.]

『워터게이트』, 밥 우드워드·칼 번스타인, 양상모 옮김, 오래된생각, 2014.[Woodward, B., & Bernstein, C. (1974). *All the president's men.* Simon & Schuster.]

AARO. (2024). *Report on the historical record of U.S. government involvement with Unidentified Anomalous Phenomena* (UAP)*: Volume I.* U.S. Department of Defense.

Barruel, A. (1798). *Memoirs illustrating the history of Jacobinism.*

Cohn, N. (1967). *Warrant for genocide: The myth of the Jewish world-conspiracy and the Protocols of the Elders of Zion.* Harper & Row.

Hobsbawm, E. (1990). *Nations and nationalism since 1780.* Cambridge University Press.

President's Commission on the Assassination of President John F. Kennedy. (1964). *The Warren report: Report of the President's Commission on the Assassination of President John F. Kennedy.* U.S. Government Printing Office.

QAnon Research Center. (2021). Mapping the QAnon phenomenon.

Rothschild, M. (2021). *The storm is upon us: How QAnon became a movement, cult, and conspiracy theory of everything.* Melville House.

Tacitus, C. (c. 117). *The Annals: The reigns of Tiberius, Claudius, and Nero.*

Tinline, P. (2025). *Ghosts of Iron Mountain.* Scribner.

5장
폭력과 분열을 부르는 음모론

『전체주의의 기원』, 한나 아렌트, 박미애·이진우 옮김, 한길사, 2006.[Arendt, H. (1973). *The origins of totalitarianism*. Harcourt Brace Jovanovich.]

Associated Press. (2022). "Far-right French candidate Zemmour embraces 'Great Replacement' theory."

Bail, C. A., et al. (2018). "Exposure to opposing views on social media can increase political polarization." *Proceedings of the National Academy of Sciences(PNAS)*, 115(37), 9216~9221.

Berger, J. M. (2020). *Extremism*. The MIT Press.

Berinsky, A. J. (2017). "Rumors and health care reform: Experiments in political misinformation." *British Journal of Political Science*, 47(2), 241~262.

Garrett, R. K. (2011). "Troubling consequences of online political rumoring." *Human Communication Research*, 37(2), 255~274.

Harsin, J. (2020). "Toxic white masculinity, post-truth politics and the COVID-19 infodemic." *European Journal of Cultural Studies*, 23(6), 1060~1068.

Hofstadter, R. (1964). *The paranoid style in American politics and other essays*. Knopf.

Iyengar, S., & Hahn, K. S. (2009). "Red media, blue media: Evidence of ideological selectivity in media use." *Journal of Communication*, 59(1), 19~39.

Jamieson, K. H., & Cappella, J. N. (2008). *Echo chamber: Rush Limbaugh and the conservative media establishment*. Oxford University Press.

Kessler, G., Rizzo, S., & Kelly, M. (2021). "Trump's false or misleading claims total 30,573 over 4 years." *The Washington Post*.

Muirhead, R., & Rosenblum, N. L. (2019). *A lot of people are saying*. Princeton University Press

U.S. Capitol Police. (2022). *Threat assessment cases.*(Annual Report).

Waisbord, S. (2018). "The elective affinity between post-truth communication and populist politics." *Communication Research and Practice*, 4(1), 17~34.

Warner, B. R., & Neville-Shepard, R. (2014). "Echoes of a conspiracy: Birthers, truthers, and the cultivation of extremism." *Communication Quarterly*, 62(1), 1~17.

Weeks, B. E. (2015)

6장
국가를 뒤흔드는 음모론

연합뉴스. (2024). "'비상계엄 해제요구 결의안' 본회의 가결."

AP News. (2022). "Timeline: The assassination of former Japanese Prime Minister Shinzo Abe."

Baldwin, C., & Marshall, A. R. C. (2016). "Special Report: As death toll rises, Duterte deploys dubious data in 'war on drugs.'" *Reuters*.

Bellingcat. (2023). Investigative reports on Kremlin disinformation. Bellingcat.

Bradshaw, S., & Howard, P. N. (2018). "Challenging truth and trust: A global inventory of organized social media manipulation." *Journal of International Affairs*, 71(1.5), 23~46.

Diela, T., & Potkin, F. (2019). "Indonesia fights wave of anti-China fake news ahead of April election." *Reuters*.

Freedom House. (2023). *Freedom in the World 2023*.

Human Rights Watch. (2023). "Brazil: Government should ensure justice for rioters."

Select Committee to Investigate the January 6th Attack on the United States Capitol. (2022). Final report.

7장
국경을 넘는 음모론의 세계화

Amnesty International. (2023). "Hate speech & misinformation: Global trends."

Camus, R. (2011). *Le grand remplacement*. Chez l'auteur / David Reinharc.

Dunlap, R. E., & McCright, A. M. (2015). "Challenging climate change: The denial countermovement." In J. S. Dryzek, R. B. Norgaard, & D. Schlosberg (Eds.), *The Oxford handbook of climate change and society* (pp. 300~312). Oxford University Press.

Grimes, D. R. (2021). "Medical disinformation and the unviable nature of COVID-19 conspiracy theories." *PLOS ONE*, 16(3), e0245900.

Hornsey, M. J., et al. (2018). "The psychological roots of anti-vaccination attitudes: A 24-nation investigation." *Health Psychology*, 37(4), 307~315.

InfluenceMap. (2023). *Big Oil's real agenda on climate change 2023*. InfluenceMap.

Norgaard, K. M. (2011). *Living in denial*. MIT Press.

U.S. Department of State. (2022). "The Kremlin's allegations of chemical and biological weapons laboratories in Ukraine." U.S. Department of State.

Uscinski, J. E., & Olivella, S. (2017). "The conditional effect of conspiracy thinking on attitudes toward climate change." *Research & Politics*, 4(4).

WHO. (2023). *The Big Catch-up: An essential immunization recovery plan for 2023 and beyond*. World Health Organization.

8장

음모론에 빠진 사람을 어떻게 되돌릴 수 있을까

Gordon-Smith, E. (2019). *Stop being reasonable*. PublicAffairs.

Howe, L. (2024, Nov.). "My husband became a conspiracy theorist. Would our marriage survive?" *The Guardian*.

Jolley, D., Douglas, K. M., & Skipper, Y. (2021). The Adolescent Conspiracy Beliefs Questionnaire (ACBQ): Development and validation. *British Journal of Developmental Psychology*, 39(4), 499~517.

Mack, Z. (Host). (2025). "Alternate Realities."[Podcast] NPR.

Wineburg, S., & McGrew, S. (2016). *Evaluating information*. Stanford History Education Group.

9장
음모론에 맞서는 방법

『나 홀로 볼링』, 로버트 퍼트넘, 정승현 옮김, 페이퍼로드, 2009.[Putnam, R. D. (2000). *Bowling alone.* Simon & Schuster.]

『신앙 없는 세상은 가능하다』, 피터 보고시안, 이재호 옮김, 리북, 2016.[Boghossian, P. (2013). *A manual for creating atheists.* Pitchstone.]

Ansell, C., & Torfing, J. (2021). *Public Governance as Co-creation*, Cambridge University Press.

Cook, J., Lewandowsky, S., & Ecker, U. K. H. (2017). "Neutralizing misinformation through inoculation: Exposing misleading argumentation techniques reduces their influence." *PLOS ONE*, 12(5), e0175799.

Costello, T. H., Pennycook, G., & Rand, D. G. (2024). "Durably reducing conspiracy beliefs through dialogues with AI." *Science*, 385(6714), 1230~1231.

Donovan, J., & Boyd, D. (2020). "Stop the presses? Moving from strategic silence to strategic amplification." Data & Society.

European Commission. (2022). European media literacy policy.

European Union. (2022). Digital Services Act (EU 2022/2065).

Kahne, J., & Bowyer, B. (2017). "Educating for democracy in a partisan age: Confronting the challenges of motivated reasoning and misinformation." *American Educational Research Journal*, 54(1), 3~34.

Lewandowsky, S., & Cook, J. (2020). *The conspiracy theory handbook.* Center for Climate Change Communication, George Mason University.

Lewandowsky, S., Ecker, U. K. H., & Cook, J. (2017). "Beyond misinformation: Understanding and coping with the 'post-truth' era." *Journal of Applied Research in Memory and Cognition*, 6(4), 353~369.

Lewandowsky, S., et al. (2012). "Misinformation and its correction: Continued influence and successful debiasing." *Psychological Science in the Public Interest*, 13(3), 106~131.

Macenaite, M. (2019). "From universal towards child-specific protection of the right to privacyonline: Dilemmas in the EU General Data Protection Regulation." *New Media & Society*, 19(5), 765~779.

Maertens, R., Roozenbeek, J., & van der Linden, S. (2024). "Long-term effectiveness of psychological inoculation against misinformation." *Nature Human Behaviour,* 8, 1277~1288.

Meyer, M. N., Enders, A. M., & Uscinski, J. E. (2024). "Using an AI-powered 'street epistemologist' chatbot and reflection tasks to diminish conspiracy theory beliefs." *Harvard Kennedy School Misinformation Review.*

Ministry of Education, Finland. (2022). Media literacy curriculum guidelines.

OECD. (2022). Building trust & integrity in local public services.

OECD. (2022). Digital citizenship education in schools.

OECD. (2022). Teacher competencies for media literacy.

Pennycook, G., & Rand, D. G. (2019). "Crowdsourcing judgments of news source quality." *Proceedings of the National Academy of Sciences (PNAS),* 116(7), 2521~2526.

Pennycook, G., & Rand, D. G. (2020). "The implied truth effect: Attaching warnings to a subset of fake news headlines increases perceived accuracy of headlines without warnings." *Management Science,* 66(11), 4944~4957.

Pennycook, G., & Rand, D. G. (2021). "The psychology of fake news." *Trends in Cognitive Sciences,* 25(5), 388~402.

Roozenbeek, J., & van der Linden, S. (2018). "The Fake News Game: Actively Inoculating Against the Risk of Misinformation." *Journal of Risk Research,* 22(5), 570~580.

Roozenbeek, J., & van der Linden, S. (2020). "Fake news game confers psychological resistance against online misinformation." *Palgrave Communications,* 5(1), 65.

South Korea Ministry of Education. (2022). Media literacy framework.

Southwell, B. G., & Gaysynsky, A. (2021). "Peer-to-peer health information sharing and the challenge of misinformation." *Annual Review of Public Health,* 42, 303–317.

Tang, A. (2020). "Conversation with Taiwan's Digital Minister Audrey Tang[Interview]." Council on Foreign Relations.

UNESCO & European Commission. (2022). *Think critically, click wisely! Media and information literacy curriculum for educators and learners.* UNESCO.

Wineburg, S., & McGrew, S. (2016). Evaluating information: *The cornerstone of civic online reasoning.* Stanford History Education Group.

경향신문. (2025, April 18). "부정선거 음모론, 민주주의 위기 키운다."《경향신문》
    https://www.khan.co.kr/article/202504181638001

네이버 블로그. (2024, July 20). "'친중논란' 헨리? 오해와 진실 / 가짜뉴스와 혐오의 위험한
    연결고리." https://m.blog.naver.com/luvu143143/223742576143

뉴닉. (2025, August 9). "극우가 뭘까? 제일 쉽게 이해하기 (개념부터 부상한 이유, 대표 정치인까지)."
    뉴닉. https://go.newneek.co/issue/far-right

미디어오늘. (2023, December 16). "스카이데일리, 1면에 '5·18 보도 사과드립니다. 광주시민께
    죄송합니다.'"《미디어오늘》
    https://www.mediatoday.co.kr/news/articleView.html?idxno=326303

미디어오늘. (2024, August 14). "스카이데일리 '중국간첩 모이는 건 어불성설, 자성의 팩트 체크'
    7개월 만에 사과."《미디어오늘》
    https://www.mediatoday.co.kr/news/articleView.html?idxno=328192

박은식. (2025, February 14). "부정선거 음모론은 보수 멸망을 부르는 전염병 [박은식이 소리내다]."
    《중앙일보》 https://www.joongang.co.kr/article/25355283

빠띠. (2025, April). "부정선거 음모론 이슈 타임라인." 빠띠 캠페인스.
    https://campaigns.do/tags/부정선거음모론

세계일보. (2025, April 14). "[단독] '코로나 백신 바꿔치기' 주장처럼… 적 만들어 집단결속 강화."
    《세계일보》 https://www.segye.com/newsView/20250414516059

오마이뉴스. (2025, April 2). "부정선거 감시단 잠입 취재...중국인 잡겠다며 투표 마친 여성 쫓아가
    '신분증 내놔라'."《오마이뉴스》
    https://www.ohmynews.com/NWS_Web/View/at_pg.aspx?CNTN_

CD=A0003135482

오마이뉴스. (2025, March 5). "미국 극우인사 '국회 앞마당 군중, 이 대통령 취임식 인파' 거짓."
《오마이뉴스》 https://www.ohmynews.com/NWS_Web/OhmyFact/at_
pg.aspx?CNTN_CD=A0003138942

이현상. (2020, May 7). "[이현상의 시시각각] 음모론은 힘이 세다."《중앙일보》
https://www.joongang.co.kr/article/23771655

조선일보. (2024, December 30). "[朝鮮칼럼] 음모론은 힘이 세다."《조선일보》
https://www.chosun.com/opinion/chosun_column/2024/12/30/2V5MPW37TFFJR
IXKNVICULLDEE

중앙일보. (2025, March 20). "음모론 믿는 지도자, 그 결과는? 한국, 세계의 실험장 됐다."
《중앙일보》 https://www.joongang.co.kr/article/25306800

한국기자협회. (2025, April 5). "끝 모를 부정선거 음모론, 끝까지 파헤치는 언론인."
https://m.journalist.or.kr/m/m_article.html?no=58159

한국기자협회. (2025, March 30). "내란사태 속 허위정보 기승… '확산경로 플랫폼·언론에 책임.'"
https://m.journalist.or.kr/m/m_article.html?no=57957

Baker, P. (2025, June 1). "Trump amplifies another outlandish conspiracy theory:
Biden is a robotic clone." *The New York Times*.
https://www.nytimes.com/2025/06/01/us/politics/trump-biden-conspiracy-
theory.html

BBC News. (2020, July 15). "Wayfair: The false conspiracy about a furniture firm and
child trafficking." *BBC News*. https://www.bbc.com/news/world-53416247

BBC News. (2024, August 14). "Gunman who attacked CDC may have had
anti-Covid vaccine beliefs." *BBC News*.
https://www.bbc.com/news/articles/cp3ekez0x2xo

Bellingcat. (2022, December 21). "As QAnon falters, European followers flock to a
financial conspiracy."
https://www.bellingcat.com/news/2022/12/21/as-qanon-falters-european-
followers-flock-to-a-financial-conspiracy

Choi, C. Q. (2010, September 23). "Top ten conspiracy theories." Live Science.
https://www.livescience.com/11375-top-ten-conspiracy-theories.html

CNN. (2025, May 7). "Conspiracy theories, Covid, and Sandy Hook: Podcast
explores misinformation." *CNN*
https://edition.cnn.com/2025/05/07/politics/conspiracy-theories-covid-sandy-

hook-podcast

Conger, K. (2025, June 10). "Fake images and conspiracy theories swirl around L.A. protests." *The New York Times.* https://www.nytimes.com/2025/06/10/technology/la-protests-conspiracy-theories-disinformation.html

CrimeReads. (2023, March 20). "8 pop culture conspiracy theories worthy of your obsession." https://crimereads.com/8-pop-culture-conspiracy-theories-worthy-of-your-obsession

Doctorow, C. (2024, September 5). "An AI chatbot helped Americans exit the rabbit hole." Nieman Lab. https://www.niemanlab.org/2024/09/an-ai-chatbot-helped-americans-who-believe-in-conspiracy-theories-exit-the-rabbit-hole

Dwoskin, E. (2024, July 14). "BlueAnon conspiracy theories spread after Trump rally shooting." *The Washington Post.* https://www.washingtonpost.com/technology/2024/07/14/blueanon-conspiracy-theories-trump-rally-shooting

European Commission. (2024, March). "Identifying conspiracy theories." https://commission.europa.eu/strategy-and-policy/coronavirus-response/fighting-disinformation/identifying-conspiracy-theories_en

Gordon-Smith, E. (2025, January 10). "My friend keeps sending me unsolicited conspiracy theory material. Should I ask them to stop?" *The Guardian.* https://www.theguardian.com/lifeandstyle/2025/jan/10/how-to-talk-to-a-friend-about-conspiracy-theory-theories-uap-ufo-leading-questions

Jolley, D. (n.d.). "Conspiracy theories: The psychology is here." https://www.danieljolley.co.uk

Lee, B. (2023, October 4). "Escape from the rabbit hole: The conspiracy theorist who abandoned his dangerous beliefs." *The Guardian.* https://www.theguardian.com/society/2023/oct/04/escape-from-the-rabbit-hole-the-conspiracy-theorist-who-abandoned-his-dangerous-beliefs

Lubold, G., & Ackerman, S. (2025, July 22). "Pentagon UFO report: Officials grapple with unexplained sightings." *The Wall Street Journal.* https://www.wsj.com/politics/national-security/pentagon-defense-departmentufo-uap-aliens-report-99d2ca20

Madrigal, A. (2022, February 15). "Kids are falling victim to disinformation and conspiracy theories." Nieman Lab. https://www.niemanlab.org/2022/02/ready-for-2-1-or-afterkids-are-falling-victim-to-disinformation-and-conspiracy-theories

Politi, D. (2022, September 15). "A man tried to kill the vice president. Then came the conspiracy theories." *The New York Times*. https://www.nytimes.com/2022/09/15/world/americas/argentina-assassination-attempthoax.html

Public Policy Polling. (2023, November 14). "Democrats and Republicans differ on conspiracy theory beliefs." Public Policy Polling. https://www.publicpolicypolling.com/polls/democrats-and-republicans-differ-on-conspiracy-theory-beliefs

Reuters. (2022, October 29). "Man arrested after attack on US House Speaker Pelosi's spouse faces charges." *Reuters*. https://www.reuters.com/world/us/man-arrested-attack-us-house-speaker-pelosis-spouse-faces-charges-2022-10-29

SBS. (2025, April 5). "'바이든은 복제인간, 진짜는 2020년 처형' 음모론 공유한 트럼프." SBS 뉴스. https://news.sbs.co.kr/news/endPage.do?news_id=N1008123968

Shorenstein Center. (n.d.). Explore: Conspiracy theories. *HKS Misinformation Review*. https://misinforeview.hks.harvard.edu/explore/?fwp_topic=conspiracy-theories

Skeptic Korea. (2020, May 10). "왜 음모론은 사라지지 않는가."《스켑틱》22호. https://m.blog.naver.com/skepticmgz/221990825177

The Cool Down. (2024, July 5). "QAnon casualties: Parents strained by conspiracy theories." The Cool Down. https://www.thecooldown.com/green-tech/qanon-casualties-reddit-parents-strained-relations

The Washington Post. (2025, June 20). "A stunning two weeks in South Korea." *Post Reports*. https://www.washingtonpost.com/podcasts/post-reports/a-stunning-two-weeks-in-south-korea

Unz, R. (2018, March 4). "American Pravda: How the CIA invented 'conspiracy theories.'"

https://www.unz.com/runz/american-pravda-how-the-cia-invented-conspiracy-theories

Vox. (2021, May 10). "Ever wonder: How do conspiracy theories work?" YouTube. https://www.youtube.com/watch?v=TyIBHSIqUdk

Wolfe, R. (2025, July 22). "U.S. disinformation concerns rise amid UFO claims." *The Wall Street Journal.* https://www.wsj.com/politics/national-security/ufo-us-disinformation-45376f7e

소중한 사람이
음모론에 빠졌습니다

2025년 12월 26일 초판 1쇄 발행

글 정재철
편집 이기선, 김희중, 곽명진 · **디자인** Firstrow
펴낸곳 원더박스 · **펴낸이** 류지호
주소 (03173) 서울시 종로구 새문안로3길 30, 대우빌딩 911호
전화 02-720-1202 · **팩시밀리** 0303-3448-1202
출판등록 제2024-000122호(2012. 6. 27.)

ISBN 979-11-92953-71-7 (03330)

• 잘못된 책은 구입하신 서점에서 바꾸어 드립니다.
• 독자 여러분의 의견과 참여를 기다립니다.
  블로그 blog.naver.com/wonderbox13 · 이메일 wonderbox13@naver.com